像保罗一样讲道
Preaching Like Paul

今日讲道智慧
Homiletical Wisdom for Today

雅各·汤普森　　　　　　著
李颖妍，徐一方　　　　　译
徐西面　　　　　　　　　审

贤理·璀雅
LATERIA PRESS

中文版权 © 贤理·璀雅出版社

作者 / 雅各·汤普森（James W. Thompson）
译者 / 李颖妍，徐一方
审校 / 徐西面
中文校对 / 吴夏

All rights reserved. No Part of this book may be reproduced or transmitted in any form or by any means, electronic or mechanical, including photocopying, recording, or by any information storage or retrieval system, without permission in writing from the publisher. For information, address Westminster John Knox Press, 100 Witherspoon Street, Louisville, Kentucky 40202-1396. Copyright © James W. Thompson

本书部分经文引自《和合本》和《和合本修订版》，版权属香港圣经公会所有，蒙允准使用。其余经文直接译自英文原文。

策划 / 李咏祈
内页设计 / 祝慧玲
封面设计 / 祝慧玲
出版 / 贤理·璀雅出版社
地址 / 爱丁堡（Edinburgh, Scotland, UK）
电邮 / contact@latreiapress.org
中文初版 / 2019

ISBN：978-1-913282-00-4

目　　录
Contents

序　言...1

缩　略　表..3

概　论｜后基督教文化中的保罗福音.......................5
　　讲道的新酒和旧皮袋
　　一个世代后的反思
　　被忽视的范畴：保罗和他的书信

第一章｜保罗作为讲道的模型..............................31
　　活的声音与书面文字：我们在知识上的限制
　　从口语到书面文字：透过书信看保罗的讲道
　　总结

第二章｜保罗的福音教牧性讲道..........................53
　　福音性讲道：保罗及其归信的故事
　　福音性讲道：保罗及帖撒罗尼迦教会
　　针对新归信者的教牧性讲道

第三章｜保罗讲道的模式....................................85
　　保罗：写信之人
　　保罗：演讲之人

保罗讲道的独特性
　　讲道，信仰群体与信仰的文法
　　作为神学与劝勉的讲道
　　保罗与当代讲道

第四章 | 何为教牧讲道? 117
　　《帖撒罗尼迦前书》中的教牧性传道人保罗
　　讲道更大的议程：末世的视角
　　建立共同身份
　　共同群体与群内语言
　　教牧性讲道：建立群体伦理规范

第五章 | 自我申辩:讲道与神学 145
　　保罗的典范
　　反思神学性讲道

第六章 | 作为回忆的讲道 171
　　对罗马人和其他人讲道
　　保罗的早期书信
　　《罗马书》为一封提醒信徒的书信
　　在后基督教社会中的回忆

结论 | 保罗与讲道事工之反思 191

参考书目 199
索　引 215

序言

近期有关讲道学的文献挑战传道人要矫正讲道在形成基督徒意识中的角色。在本书，借着参与新约研究（我自身的研究领域）和讲道及神学文献的对话，我将反思整个讲道事工的议事日程。我得益于许多人，他们的洞见和对我研究上的帮助帮我完成了本书。

我感谢阿比林基督教大学（Abilene Christian University）神学研究院各位同事的鼓励和有益的建议。提摩太·森辛博士（Dr. Timothy Sensing）阅读了本书之前的几份草稿，并作出了讲道学文献的书目指导。弗雷德里克·阿奎诺（Frederick Aquino）是一位重要的对话者，他常常澄清与讲道和系统神学之关系相关的问题。我也感谢查尔斯·希伯特博士（Dr. Charles Siburt）和杰克·里斯博士（Dr. Jack Reese）对我的勉励。

威斯敏斯特·约翰·诺克斯出版社（Westminster John Knox Press）的凯里·纽曼博士（Dr. Carey C. Newman）耐心阅读了本书先前的几份草稿，并且提供了宝贵批判与指导，并提议我在许多要点上强化论述。我感激他有益的建议。本书中任何缺陷都归咎于我本人。

几位阿比林基督教大学的研究生助手协助了我的研究和文字校对，感谢哈尔·朗克尔（Hal Runkel）、托德·福斯特（Todd Foster）和伊莱·博金斯（Eli Perkins）在文字校对和研究上对我的帮助。

我谨以此书献给我的妻子卡洛琳（Carolyn）。她总是不断地鼓励我，是我的对话伙伴，也是位严格的文字编辑。

缩略表

AnBib	Analecta Biblica
ANRW	*Aufstieg und Niedergang der römischenWelt*
ATR	*Anglican Theological Review*
AUSS	*Andrews University Seminary Studies*
BTB	*Biblical Theology Bulletin*
CB	Coniectanea Biblica
CBQ	Catholic Biblical Quarterly
DNTT	*Dictionary of New Testament Theology*
EDNT	*Exegetical Dictionary of the New Testament*
EKK	Evangelisch-Katholischer Kommentar
ETS	ETS Studies
FRLANT	Forschungen zur Religion und Literatur des Alten und Neuen Testaments
HTR	*Harvard Theological Review*
JAAR	*Journal of the American Academy of Religion*
JBL	*Journal of Biblical Literature*
JSNTSS	Journal for the Study of the New Testament Supplement Series

JSOT	Journal for the Study of the Old Testament
JSOTSup	Journal for the Study of the Old Testament Supplement Series
KEKNT	Kritisch-Exegetischer Kommentar über das Neue Testament
LEC	Library of Early Christianity
NABPR	National Association of Baptist Professors of Religion
NTS	*New Testament Studies*
NovT	*Novum Testamentum*
NovTSup	Novum Testamentum Supplements
SBLDS	Society of Biblical Literature Dissertation Series
SBLSP	*Society of Biblical Literature Seminar Papers*
SbB	Stuttgarter biblische Beiträge
SNTSMS	Society for New Testament Studies Monograph Series
TH	Theologie Historique
TLZ	*Theologische Literaturzeitung*
WBC	Word Biblical Commentary
WUNT	Wissenschaftliche Untersuchungen zum Neuen Testament
ZNW	*Zeitschrift für die neutestamentliche Wissenschaft und die Kunde der älteren Kirche*

概论 后基督教文化中的保罗福音

讲道的新酒和旧皮袋
一个世代后的反思
被忽视的范畴:保罗和他的书信

今天，"新讲道学"的出现已有一个年代之久。大约30年前，我们听到了对新讲道方法的需求，于是以"新皮袋"的叙述性讲道取代了"旧皮袋"的辩论性讲道。讲道学革命的出现并没有遇上多大的阻挠。许多书籍和文章，连同其挑战传统讲道看法的声音，遍及北美，成为当地讲道学的教科书，影响了周围的教会会众。

两千多年来，讲道一直是犹太教和基督教崇拜中不变的特征。但是，照着讲道历史学家的观察，在关键的时刻，讲道回应了已变的文化处境；另外，新的讲道策略取代了旧有的模式，复兴了讲道事工。新讲道学的主张者发现，传统的讲道未能向基督教文化里的一群会众有效地传递讯息，这些会众熟悉圣经故事，并对旧讲道方式的可预见性生厌。为此，新讲道学的主张者提出了解决方案。

我们今天的讲道对象，却是那些在上个年代接受新式讲道的会众的后代。这些后代在后基督教文化中长大，对圣经并不熟悉。他们父母对基督教信仰的熟悉和厌倦，正是"新讲道学"尝试解决的问题。然而，这些后代跟他们的父母不一样，到了今日，他们反而并不了解基督教的基本讯息。这个文化处境的改变，对身处在21世纪初段的讲道者来说，是一个独特的、绝对需要被了解的挑战。虽然新讲道学曾经解决了基督教文化末期的讲道问题，但它却不适用于解决后基督教文化中的讲道问题。无疑，时间能够告诉我们，哪些是昙花一现的潮流，哪些对讲道学思想有持久性的贡献。然而，处于其中的我们，在宣讲福音时，必须要有自信，有着"我们知道我们所作的是什么"的信心。

讲道的新酒和旧皮袋

按着一般的共识，讲道学的"旧皮袋"是围绕着"概念式方法"（conceptual method）而生的讲道，这种概念式方法在过去两个世纪，支配了讲道的模式。"旧皮袋"的看法是，讲道是以建立论据来论证一个基本的概念。[1]讲道者不是透过探索一个主题，就是从文本中"提取"一个基本的概念或命题，以此作为讲章的基础。[2]并且，以这个主要的概念作为总纲，从中引申出一系列的"要点"，再用合适的例证、介绍和总结来支持这些论点。[3]讲道变成了理性的运用，讲道者在其中透过解说、举例说明及应用，尝试"将概念传递"给会众。然而，近期的讲道学家认为，这种强调理性说服是从外

---

[1] David M. Greenhaw, "As One with Authority," in *Intersections: Post-Critical Studies in Preaching*, ed. Richard Eslinger (Grand Rapids: Eerdmans, 1994), 106.

[2] 见 David Buttrick, *A Captive Voice* (Louisville, Ky.: Westminster John Knox, 1994), 81.

[3] 见 John Broadus, *On the Preparation and Delivery of Sermons*, 4th ed. (New York: Harper & Row, 1979), 78-198; 参 Ilion T. Jones, *Principles and Practice of Preaching* (New York: Abingdon, 1956), 87-102.

在侵入过往的讲道传统。这个过往的传统与现在我们所继承的,在所见所闻上都有着极大的差异。

理性说服的传统可能源自几个因素。有些人提出,它是来自伴随着印刷出版文化的直线思考模式,本来就适用于眼见,而非耳听。[4] 大卫·巴翠克(David Buttrick)提出,它明显是现代性的——它对传递固定真理的坚持,甚为配合启蒙时代的思想形态。[5] 讲道学文献亦认为,亚里斯多德主义的修辞学是转向理性说服的主要原因。[6] 确实,现代的讲道学家普遍将传统讲道的问题归咎于亚里斯多德主义的修辞学。根据这看法,在黄金时期的第一世纪基督教,叙述性讲道是主要的讲道模式。但到了第二世纪,当教会发展至希腊化土地上,讲道模式就被荼毒。[7] 从奥古斯丁时期开始,讲道者预备讲章时,内容取自圣经,形式和方法则取自亚里斯多德,而这种结合注定失败。[8]

---

[4] 见 Clyde Fant, *Preaching for Today,* rev. ed. (San Francisco: Harper & Row, 1987), 159-64; Richard Jensen, *Telling the Story* (Minneapolis: Augsburg, 1980), 26ff; Richard Jensen, *Thinking in Story: Preaching in a Post-literate Age* (Lima, Ohio:CSS, 1993).

[5] Buttrick, *A Captive Voice*, 81.

[6] Thomas Troeger, *Imaging a Sermon* (Nashville: Abingdon, 1990), 29; Paul Scott Wilson, *The Practice of Preaching* (Nashville: Abingdon, 1995), 205; Fred Craddock, *As One without Authority* (Nashville: Abingdon, 1971), 54.

[7] Don M. Wardlaw, "The Need for New Shapes," in *Preaching Biblically*, ed. Don M. Wardlaw (Philadelphia: Westminster, 1983), 11.

[8] Thomas Long, "And How Shall They Hear?" in *Listening to the Word*, Fs. Fred B. Craddock, ed. Gail R. O'Day and Thomas G. Long (Nashville: Abingdon, 1993), 173.

在亚里斯多德主义传统下的"旧皮袋"讲道框架内，讲道者的任务是透过理性说服，"将概念传递"给会众；而在"新皮袋"讲道思想下，讲道者的任务则是引导会众去"经历"文本的动态（the dynamic of the text），包括其美学和情感的层面。[9] 由于这个焦点是放在聆听者自身对文本的经验，所以讲道者在沟通过程中需要特别注意两件事。第一，若是聆听者要"经历"文本，那么讲道者必须特别注意该讲道的实际现象，因为这恰是会众所经历的。[10] 讲道者不能视会众为被动的接受者，反而要邀请会众参与讲道者的旅程，并由他们自己得出个人结论。讲道是借着与聆听者生命中有形的现实产生共鸣而进展。由于聆听者的教育经验使得他们抗拒权威性的宣讲，讲道者因而也调整了信息的表现形式。因此，"民主"而非权威性的教导，正是"美国生活方式的基本"。[11]

第二，讲道者要认清圣经书卷体裁的重要性，并认识到体裁并不只是一个空洞的容器，圣经作者将"概念"填充其中，继而成为讲道的文本。新讲道学的主张者坚持，经文的内容（what）跟经文的表现方法（how）不可分割。保罗·利科（Paul Ricoeur）坚定地认为，文学体裁并非只有

---

[9] 见 Fred B. Craddock, *As One without Authority*, 52. 有关"新讲道学"的新诠释学根源，见 Wilson, *The Practice of Preaching*, 24. 另见 Richard Eslinger, *Narrative and Imagination* (Minneapolis: Fortress, 1995), 7.

[10] Troeger, "A Poetics of the Pulpit for Post-Modern Times," in *Intersections*, ed. Richard L. Eslinger (Grand Rapids: Eerdmans, 1994), 52.

[11] Craddock, *As One without Authority*, 58.

"修辞的表象"（rhetorical facade），当人揭开之后便可了解其背后的想法；事实上，这些体裁具有神学意义，是启示的模式。[12] 所以，当讲道者带领会众去经历文本，并不是将诗歌、比喻或叙述文体概括为基本要点，反而是尝试"做文本所做的"（do what the text does）。[13]

旧讲道学的传统是以理据去支持辩论的观点。在这传统下，讲道者无法"做文本所做的"，所以，新讲道学关注讲道的另一个形式：既对聆听者有敏锐洞察，又与圣经的体裁保持一致。尤金·洛里（Eugene Lowry）形容，讲道形式的"革命"始于1971年费雷德·克拉多克（Fred Craddock）出版《如同一个没有权威的人》（As One Without Authority），并在当代文献中继续存在。[14] 这场"革命"关注归纳论证及

---

[12] Paul Ricoeur, "Toward a Hermeneutic of the Idea of Revelation," in *Essays on Biblical Interpretation*, ed. Lewis S. Mudge (Philadelphia: Fortress, 1980), 91. 另见 Mark I. Wallace, *The Second Naiveté*, Studies in American Biblical Hermeneutics 6 (Macon, Ga.: Mercer Univ. Press, 1990), 36.

[13] 见 Amos Wilder, *The Language of the Gospel: Early Christian Rhetoric* (New York: Harper & Row, 1964), 13："关于在当今理解、传播基督教，早期基督徒宣讲模式的特点有很多值得我们借鉴。"怀尔德（Wilder）认为，在讲道中，我们不能区分经文的形式和内容，好像我们能将一者从另一者众抽离一样。"我们能在观察基督徒宣讲的合宜策略和工具中有很多收获，然后将这些应用在我们自己的处境中。"

[14] Eugene L. Lowry, "The Revolution in Sermonic Shape," in *Listening to the Word*, 93-112. 另见 Eugene L. Lowry, *The Sermon: Dancing the Edge of Mystery* (Nashville: Abingdon, 1997), 11.

讲道的叙述性质，对叙述性文本的讲道有特别的兴趣。虽然克拉多克并不是第一个挑战传统讲道形式的人，[15]但如洛里所指，他的建议却是"革命性的"。

克拉多克（Fred Craddock）提出，旧讲道学连同其亚里斯多德主义的根基、及其权威性的口吻，未能影响当代的听众。他表明，虽然旧讲道学能够在基督教世界里产生果效，但随着基督教文化衰落，旧讲道学不再适用。[16] 他主张采用归纳论证，因为归纳论证拥有较少的权威性意味，而且也能够对当代的听众展现较自然的沟通方式。按着克拉多克的看法，当讲道者与会众一起追溯他们所查考的，归纳论证会为讲道带来叙述的特性，使听众自己从讲道中得出个人的结论。这种讲道是叙述多于劝导。克拉多克认为，这种讲道模式为讲道提供了整体性，维持听众的兴趣，并让讲道者能与听众在相同的追求上产生共鸣。[17]

尤金·洛里（Eugene Lowry）进一步发展了克拉多克（Fred Craddock）的论点。他指出，按文本的形式讲道需要视讲章为一个情节（plot）。[18] 所以，讲章形式的发展与戏剧表演类似。根据洛里的看法，讲章是一个情节，由讲道学的"捆"（homiletical bind）作为开头——"有些事情即将发生"，发展到某种形式的"解"（resolution）作为结尾。在

---

[15] 见 H. Grady Davis, *Design for Preaching* (Philadelphia: Fortress, 1958), 15. 戴维斯（Davis）尤为关注讲道的形式，建议该形式应是有机的整体，并将其与一棵有根系和枝干的树相比较。

[16] Craddock, *As One without Authority*, 14.

[17] 同上, 53-58。

[18] Eugene Lowry, *The Homiletical Plot* (Atlanta: John Knox, 1980), 15.

两者之间，讲章在可预料的步骤下展开。讲故事正是传统论述性讲章以外的另一选择。[19]

大卫·巴翠克的《讲道学》（*Homiletic*）是一本涵盖多个讲道理论范畴的重要教科书。他的兴趣涵盖了广泛的讲道学问题，并不限于讲章的形式。然而，在讲章形式的讨论上，他有重大贡献。他认同克拉多克（Fred Craddock）和洛里（Eugene Lowry）对旧讲道学的批评。带着对听道者以及文本体裁的关注，他自己亦发展出一套讲道学理论。他形容这个讲道法为"现象学的"，他试图展示语言如何在意识里形成。[20] 对于影响新一代讲道的讲道运动，巴翠克同样有兴趣。较旧时着重"要点"的讲道不同，巴翠克形容讲道为一系列的行动。讲道者需要意识到意义如何在听道者的意识里形成，从而，由这意识塑造出一系列的行动，并在逻辑上与其连接。

近年对体裁及叙述运动的重视，来自现代神学及文化思潮下的两个发展。第一，重新关注听道者。焦点由需要表达的思想，转移到听道者的经历。叙述，特别是在后文字社会

---

[19] 同上。在 *The Sermon: Dancing the Edge of Mystery*, 22-28 中，洛里（Eugene Lowry）列出了六类可识别的模型：归纳式讲道、故事讲道、叙事讲道、跨意识的美非讲道（the transconscious African American sermon）、现象学的讲道（phenomenological sermon）、对话-插话式讲道（conversational-episodal sermon）。我认为，这些讲道模型对所有文学体裁都可选择。

[20] David Buttrick, *Homiletic* (Philadelphia: Fortress, 1987), xii.

（postliterate society）中，诉诸听众。[21] 我们会觉得叙述性的文本，相比预言的、天启的[22]或是书信的文本，较容易宣讲，因为我们假定讲故事，比起直接和权威性的沟通方法，更能够维持听众的兴趣。第二，叙述性讲道的受欢迎程度亦反映了我们的神学发展——重新发现启示的叙述部分。[23] 借此，我们发现卡尔·巴特[24]所形容的"圣经里一个奇异、全新的世界"，并尝试使我们的世界与圣经内的故事相符。专为宣讲从历史文本提取而来的"真理"和"教导"的理性讲道学，已不符合正在出现的新式圣经批判学。[25] 根据汉斯·弗莱（Hans Frei）的看法，在多个世纪的神学反思里，"诠释是将圣经的故事放到另一世界里的另一个故事上，而非将该世

---

[21] 关于讲道学中重新重视听道者的内容，见 Beverly Zink-Sawyer, "'The Word Purely Preached and Heard': The Listeners and the Homiletic Endeavor," *Interpretation* 51 (1997): 342-57.

[22] 关于帮助宣讲天启文学的资料，见 David Schnasa Jacobsen, *Preaching in the New Creation: The Promise of New Testament Apocalyptic Texts* (Louisville, Ky.: Westminster John Knox, 1999).

[23] Hans Frei, "Apologetics, Criticism, and the Loss of Narrative Interpretation," in Stanley Hauerwas and L. Gregory Jones, *Why Narrative?* (Grand Rapids: Eerdmans, 1989), 50.

[24] 见巴特所著的著作《神的话语和人的话语》（*The Word of God and the Word of Man*）（reprint, New York: Harper & Row, 1957）。

[25] David Buttrick, "On Doing Homiletics Today," in *Intersections*, 90. 关于圣经研究和讲道之间的关系，另见 Stephen Farris, "Limping Away with a Blessing: Biblical Studies and Preaching at the End of the Second Millennium," *Interpretation* 51 (1997): 358-70.

界收纳到圣经故事中。"[26] 在弗莱所称的"大逆转"里面，神学家和讲道者借着分析叙述性文学，去确定其参考性的层面。叙述的意义是在于它能够告诉我们有关过去的事件，或是提供命题性真理。叙述神学家主张，这个新的焦点重新发现叙述是圣经启示的主要方式。他们认为，并不是我们从叙述里寻找命题真理或历史的教学素材，而是启示出现在叙述本身之中。以故事为媒介，我们借此认识到存在的叙述性质，并发现有关我们存在的真理。[27]

倘若旧讲道学适用于现代，那么新讲道学就适用于后现代。[28] 虽然克拉多克（Fred Craddock）从未形容自己的作品为后现代，[29] 他对归纳式讲道的建议却是圣经诠释思潮之转

---

[26] Frei, "Apologetics, Criticism, and the Loss of Narrative Interpretation," 50.

[27] 有关叙述在回应根本的世界观和伦理问题的当代思想中的重要性，见 J. Richard Middleton and Brian J. Walsh, *Truth Is Stranger Than It Used to Be* (Downers Grove, Ill.: InterVarsity, 1995), 63-66.

[28] 罗纳尔多·艾伦（Ronald Allen）论到了"后现代社会风气中的讲道大杂烩"；Ronald J. Allen, Barbara Shires Blaisdell, and Scott Black Johnston, *Theology for Preaching: Authority, Truth and Knowledge of God in a Postmodern Ethos* (Nashville: Abingdon Press, 1997), 169. 见 Troeger, "A Poetics of the Pulpit for Post-Modern Times," 42-64.

[29] 见 约翰斯顿（Scott Black Johnston）在 *Theology for Preaching* 一书中的观点，52:"虽然克拉多克的著作推动了向听道者转移权柄，但是由此下结论认为，《如同一个没有权威的人》(*As One Without Authority*) 一书代表了一种后现代讲道法，并不准确。因为卡拉多克对好的讲道的规范是建立在对人类学的宽泛理解之上（即所有人都以归纳的方式聆听）。后现代学者倾向于拒绝这种普世性观点，并质疑假定的'所有人'之间的相似之处。"

变的自然结果;这思潮质疑从本中寻找、提取信息的做法的合理性。[30] 间接及"没有权柄"的讲道,也真正认可了后现代价值观的特性:权柄的失落。另外,将重点放在聆听者的反应、而非在提取的真理上,此一做法亦与这个时代甚为配合。就如我在上文所述,将重点放在叙述上是以后批判进路(postcritical approach)处理文本的结果。尽管传统讲道学在现代甚为奏效,那时候诠释者自信能够发现文本的单一意思,不过时至今日,更后现代的释经学则着重在由文本产生的经历上。

讲道学的"新皮袋"无疑为讲道传统带来持久的影响,为想要在后现代文化情况下传递信息的讲道者提供指引。新讲道学重新发现了听道者,认清圣经体裁的启示性质,并重视叙述运动;这些令新讲道学为讲道传统另辟蹊径,让讲道者能够有效向上一代听众宣道。曾经因为会众厌倦可预见的讲章模式而苦苦挣扎的讲道者,当他们尝试"做文本所做的",而非从文本提取概念时,他们找到了讲道的新生命。所以,在我们当中,读过克拉多克、洛里、巴翠克和其他新讲道学的倡导者著作的人,通常不会渴望留在属于前两个世纪的"旧皮袋"讲道学里维持不变。少有人会想回到那种需要辩论命题或传递系列要点的讲章模式,至少不会是作为平常的讲道模式,也不会试图将基督教的宣讲与辩论混为一谈。新讲道学家提醒我们,第一,叙述作为启示的模式有着首要位置。正如艾弗尔·卡梅伦(Averil Cameron)所评论,"基

---

[30] David Buttrick, "On Doing Homiletics Today," in *Intersections*, 90.

督教是一个有故事的宗教，"而圣经故事开展了一个因这些故事而与众不同的对话。[31] 第二，他们教导我们，行动（movement）和预期（anticipation）作为我们交流媒介的价值。第三，他们使我们相信，讲道形式能塑造听道者的信心，而圣经不单单是我们讲道内容的来源，更是我们讲道方法的来源。若果要"按照圣经宣讲圣经"，我们必须谨慎对待文本的体裁。[32] 最后，新讲道学连同其对经历文本的主张，肯定了讲道是建立在圣经之上的。

一个世代后的反思

对于将讲章变为学术讲课、崇拜变为辩论舞台的讲道传统而言，新讲道学是一个必要的更正。新讲道学者的作品是在费雷德·克拉多克（Fred Craddock）的《巧遇福音》（*Overhearing the Gospel*）和《如同一个没有权柄的人》出版不久后就出现了。当第一次读到这些作品时，我对他们的建议满怀热诚，并认为叙述能够为讲章带来生命。但是随着时间过去，我发现要拯救讲道，除了叙述模式，我们还需要更多的东西。虽然我从讲道学的"新皮袋"中受益匪浅，但是我过往对上一代人之贡献的热诚，现在因着一些仍未得到解答的问题和对这方法的保留，而缓和下来。我相信，现在是

---

[31] Averil Cameron, *Christianity and the Rhetoric of Empire* (Berkeley, Calif.: Univ. of California Press, 1991), 89.

[32] 见 Leander Keck, *The Bible in the Pulpit* (Nashville: Abingdon, 1978), 105-24.

时候去合并上一代人所留下的成果，同时承认新方法的不足之处，并建构一套能够帮助未来教会的讲道学。以下，我会先探讨新讲道学的缺点。

1. 归纳式讲道（inductive preaching）只能在基督教文化里起最大作用，而在这个文化下，听众都很了解基督教传统。 我们起初热衷于间接的方法，源自我们确信我们已经浸淫在基督教传统之中，而且需要一些新事物为基督教的宣讲带来生命。克拉多克（Fred Craddock）在《巧遇福音》里主张，归纳论证能够协助人们将已熟识的信息作为己用。[33] 踏向归纳式讲道的这一步，是上个世纪60年代对50年代的回应，当时讲道者所面对的会众，都在基督信仰里有扎实的根基。不过，这些解答50年代问题的答案，对于教会在新千禧年所面临的问题，是不足够的。现时，人们对圣经的内容有很少的认识；而现今的文化亦越来越后基督教，对基督教的宣讲并不熟悉。我们现在讲道的对象，是一群主要被新异教文化价值所影响的会众。[34] 他们听了许多比基督教故事更影响他们

---

[33] Fred Craddock, *Overhearing the Gospel* (Nashville: Abingdon, 1978), 91. 相关精彩的论述，见 Charles L. Campbell, *Preaching Jesus: New Directions for Homiletics in hans Frei's Postliberal Theology* (Grand Rapids: Eerdmans, 1997), 127-28. 查尔斯·坎贝尔（Charles Campbell）论到，克拉多克在他近期于协和神学院（Union Theological Seminary）的斯普鲁特讲座（Sprunt Lectures）所表述的观点是，基督教世界"如同一个没有权柄的人"一样分崩离析（14-15页）。坎贝尔坚持认为，基督教世界已经分崩离析，但是他并没有主张间接的方法作为对圣经无知的适当回应。

[34] 见 N. T. Wright, *What Saint Paul Really Said* (Grand Rapids: Eerdmans, 1997), 94.

身份的故事。有如《宋飞正传》(Seinfeld)的元叙事,会一直以媒体的形式持续存在多年,继续向这个世代传播对自我满足的肯定。[35]

圣经"流放"(exile)的图像,准确地描述了教会在消费资本主义、道德相对主义和自我崇拜的文化里的位置。[36] 基督徒社会的失落给讲道者带来一个特殊问题,讲道者必须了解,现今这一代人成长的世界,并不是由基督教价值观塑造的,所以当中缺少了对基督教道德的一般认识。在当代文化里,讲道者所正视的前景是,面对着这一代人,他们要坚守着一套道德观,哪怕跟这一代人所听见的道德观——道德的判断只是个人偏好——互相违背。[37] 在这样的思潮中,叙述讲道自身并不能背负塑造集体道德观念的重担。我们必须

---

[35] 见 Robert Bellah et al., *Habits of the Heart* (Berkeley: Univ. of California Press, 1985). 这些作者按年代记录了美国向个人自由、选择和追求个人幸福的进展。这些追求冲淡了道德要求和对公共利益进行讨论的重要性。

[36] 关于流放的图像,见 Walter Brueggemann, *Cadences of Home: Preaching among Exiles* (Louisville, Ky.: Westminster John Knox, 1997). 另见 James Thompson, *The Church in Exile* (Abilene, Tex.: Abilene Christian Univ. Press, 1990); and Christopher Lasch, *The Culture of Narcissism* (New York: W. W. Norton & Co., 1979).

[37] Bellah et al., *Habits of the Heart*, 6: "即便是最根本的伦理美德也被视为只与个人偏好相关。的确,终极的伦理规范就是,个人应总能追求他们认为有价值的事,并受到一个条件的约束,即:他们不会干犯他人的'价值体系'。"关于我们文化的相互矛盾的道德观,另见 James Davison Hunter, *Culture Wars: The Struggle to Define America* (New York: Basic Books, 1991), 107-32.

再一次学习如何对那些没有听过福音的人宣讲福音，以及如何引导他们了解基督信仰。所以，讲道要同时是福音性，又是牧养性的；要宣讲好信息，塑造集体回忆，并教导信仰群体如何忠实地在非基督教文化里生活。我认为，后基督教文化中的讲道需要向前基督教文化（pre-Christian culture）中的讲道更多地虚心请教。

2. 讲道学家太专注于技巧，而忽略了对讲道目标的清楚认识。新讲道学专注谈论讲章形式。从讲道学的传统整体而言，这缺失了对讲道背后更大的神学议程（**agenda**）的兴趣。讲章被视为独立分离的个体，好像能与其他一连串组成讲道事工的讲章分离。每一篇讲章被看作一个情节，从窘境进展至解决方案，而整个讲道事工则犹如电视连续剧一般。正如每周的电视剧从"有些事情即将发生"开始，发展到"事情的解决"，每篇讲章都是一个情节，是在一系列情节里的一个情节。这不是迷你剧，而是一套连载的连续剧。有人会好奇，按照这个看法，讲道者是否有预想到一个更大的情节，每个单元在其中都有各自的角色。经常看电视连续剧的我们，时常无法连续观看剧情，但这并不会错过内容，因为同样的情节，每周都在作为独立个体的每一集里，重复上演。在精心设计的电视连续剧里，观众不会意识到进展，因为在观众失去兴趣之前，制作人会一直使用同一条公式。这种没有进展的作风，或许在制作电视连续剧上甚为有效；但就讲道而言，对讲道者带来了严重的限制，因为讲道者的工作会一直持续到无限的将来,而且讲道者的目标亦远超单单在每星期娱乐会众。[38]

艾德蒙·史坦利(Edmund Steimle)曾经用一个类比形容讲道事工。他说,讲章是马赛克图案中的一片。倘若讲道拼成一幅马赛克图案,那么我们一定要问,我们最终拼成的马赛克图案是什么。我们必须要考虑超越讲道之"经历"的事物,要寻求整个讲道事工的目标和策略。虽然近年的文献都谈论到讲道的目标,但它们并没有将我们引向更大的与讲道相关的议程。

3. 许多新讲道学文献视叙述为主要,甚至是唯一的讲道论述模式,而实际上忽略了其他圣经体裁在启示上的重要性。或者有人会合理地争辩,叙述性体裁能为我们提供了解其他圣经体裁的背景,而这些体裁又为叙述提供评论。[39] 然而,踏向"按文本的形式讲道"的这一步,实际上是变成了"宣讲叙述"(preaching narrative),亦变成了比喻的宣讲(preaching of parables)。[40] 由于比喻是归纳模式,所以讲道者将比喻作为讲道的模式。这种叙述和比喻的等式,在尤金·洛里的《如何传讲比喻》(How to Preach a Parable)里最

---

[38] 见 Thomas Long, "When the Preacher Is a Teacher," *Journal for Preachers* 16 (1992): 24.

[39] 见 Mark Ellingsen, *The Integrity of Biblical Narrative* (Minneapolis: Fortress, 1990), 29.

[40] Campbell, *Preaching Jesus*, 174.

显而易见。在此书中，只有一种讲章是真正建立在比喻之上的。[41]

除了注重叙述文本，讲道者亦寻找方法，将其他体裁放入叙述的讲章之中。所以，虽然我们在讲道学文献中会发现对所有圣经体裁的正面肯定，和对"按文本的形式讲道"的强调，但事实是，在这新的"大逆转"里，所有文本在讲道时都被重塑成叙述文体。费雷德·克拉多克（Fred Craddock）基于《加拉太书》一 11-24 的讲章，"咬牙切齿的祈祷"（Praying through Clenched Teeth），正是一个利用叙述形式宣讲书信文本的例子。这种从各样体裁文本建构讲章的"一体适用"（one size fits all）的方法，是以另一种讲道取代了某种一维的讲道。因此，这种对故事的绝对依赖，带来了"一个对人类生命及神圣启示简化或扭曲的解读。"[42]

4. 仅仅聆听叙述讲道的听道者，对信仰的反思层面难有透彻的了解。 由于信仰追求理解，聆听讲道一直是在信仰方面给予更深教导的时机。虽然故事、象征和比喻有唤起感情或记忆的能力，但最终仍然需要审慎的反思；虽然故事或者能够塑造一个群体的身份和特性，但群体的团结性终究需要靠解释这个群体性故事来维系。[43] 理查德·海斯（Richard

---

[41] Eugene Lowry, ed., *How to Preach a Parable* (Nashville: Abingdon, 1989). 坎贝尔（Campbell）评论道，新诠释学在讲道学的发展中举足轻重，它专注于比喻。新诠释学专注于比喻，视之为"存在和经验的事件"，已经影响了当代的讲道学理论。

[42] Richard Lischer, "The Limits of Story," *Interpretation* 38 (1984): 26.

[43] 见 Arthur Van Seters, "Dilemmas in Preaching Doctrine: Theology's Public Voice," *Journal for Preachers* 20 (1997): 34. 另见 Alister E.

Hays)在他有关《加拉太书》的著作里,引用了诺思洛普·弗莱(Northrop Frye)多个关于文学批判(literary criticism)的作品,来证明故事并与此相关的非叙述性分析之间的连续性。海斯指出,耶稣基督的故事是一个叙述,或神话故事(mythos),保罗在《加拉太书》也引述了这个故事;但实际上,保罗所写的是对耶稣的故事的反思。[44] 而《腓立比书》显然就是保罗对二 6-11 所讲故事的反思。[45] 我认为,保罗的书信经常间接地提及一个基础的故事,也就是透过基督事件(Christ-event),神证明祂的子民无罪。[46] 如保

McGrath, *The Genesis of Doctrine: A Study of Doctrinal Criticism* (Oxford: Blackwell, 1990), 7-11. Van Seters 一书的第 34 页引述了叙述为首要、教义为次要解释的观点。

[44] Richard B. Hays, *The Faith of Jesus Christ*, SBLDS 56 (Chico, Calif.: Scholars Press, 1983), 20-23. 参 Richard Hays, "ΠΙΣΤΙΣ and Pauline Christology," in E. Elizabeth Johnson and David M. Hay, ed., *Pauline Theology* (Atlanta: Scholars Press, 1997), 4.37. 另见 Northrop Frye, *Fables of Identity: Students in Poetic Mythology* (New York: Harcourt, Brace & World, 1963).

[45] 见 Pheme Perkins, "Philippians: Theology for the Heavenly Politeuma," in J. Bassler, *Pauline Theology* (Minneapolis: Fortress, 1991), 1.95-98. 帕金斯(Pheme Perkins)将这段颂赞视为"整卷《腓立比书》的指导性隐喻"。

[46] 见 Daniel Patte, *Preaching Paul* (Philadelphia: Fortress, 1984), 32. 另见 Richard Hays, "Crucified with Christ," in *Pauline Theology*, 1.234. 海斯(Richard Hays)列出了保罗故事情节中的六个事件:(1)神拣选亚伯拉罕去祝福万国(加三 6-9);(2)神差遣祂的儿子释放祂的百姓(加四 1-7);(3)藉着祂死在十字架上,耶稣成就了神的旨意(加三 1);(4)耶稣从死里复活(帖前一 10;四 14);(5)那些属于基督耶稣的人会发现自己正在世纪之交的时刻(参

罗·利科（Paul Ricoeur）在《恶的象征》（*The Symbolism of Evil*）里主张，"象征带来了想法"。[47] 正典的形成表明，尽管叙述站在圣经信仰的中心，但它仍需要在其他文学体裁里被概念化。[48] 故事能够娱乐听众，引发他们参与，但故事终究需要诠释和评论。

5. 叙述讲道不情愿带着权威宣讲，或实在地要求听道者的生命有所改变。但福音的宣讲不能不带着权威，因为福音是对我们的生命提出要求，甚至这些叙述与对听道者生命的要求本就交织在一起。圣经的叙述传统，是要求读者以顺服回应圣经故事的根基。有关神在以色列人出埃及过程中大能作为的叙述，正是十诫的基础；而耶稣有关国度的宣讲，亦是要求人悔改（可一 15）的基础。在保罗书信里，福音故事暗示了对群体生活的要求。

6. 对归纳式讲道的绝对依赖，并不能建立，也不能维系群体的信仰。克拉多克（Fred Craddock）提出，归纳式讲道容许读者自己得出结论。[49] 虽然有人或会辩说，故事能够形

加六 14-15）；（6）信徒团体的盼望基于基督的再来。另见 Norman Petersen, *Rediscovering Paul: Philemon and the Sociology of Paul's Narrative World* (Philadelphia: Fortress, 1985), 43; N. T. Wright, *The New Testament and the People of God* (Minneapolis: Fortress, 1992), 403-10.

[47] Paul Ricoeur, *The Symbolism of Evil* (Boston: Beacon Press, 1967), 347-57. 见 David M. Greenhaw, "As One with Authority," in *Intersections*, 114-15.

[48] 见 Ricoeur, "Toward a Hermeneutic of the Idea of Revelation," 73-95.

[49] Craddock, *As One without Authority*, 67.

成一个群体身份（communal identity），但是归纳式讲道的焦点仍然是在个人的经历上。[50] 这种讲道视听道者为，由多个参与同一事件的个体所组成的群体。[51] 提倡新讲道学之人亦很少谈及这种讲道如何利用其道德规范和使命，来形成一个群体身份。

7. 对本质上原为叙述的沟通模式而言，讲道作为一种理性说服并非一种外来的干扰。它亦不是仅在启蒙时代的文化里，或在印刷的书本上才起作用。新约圣经证明了叙述和理性说服的共存，甚至新约的叙述部分有议论性的论述作为亚体裁（subgenre）。尽管保罗作出了免责声明（林前二 1-5），但我将会在下一章论述，他的听众还是会在他的讲道里注意到亚里斯多德主义的修辞学元素。如果亚里斯多德主义的修辞学与新约圣经同样古老，它几乎不能从正统的基督教传播的方法中被剔除。

被忽视的范畴：保罗和他的书信

保罗在第 1 世纪异教徒文化背景中的讲道，被视为今日 21 世纪讲道的模范，不免会引起当代讲道者的怀疑和抵制。在近期公休的时间里，罗伯特·朱伟特（Robert Jewett）回忆起自己发现了对保罗避而不谈的广泛现象。当时，他有机会参观多间教会，观察何种神学和圣经资料最有效用。令他

---

[50] Campbell, *Preaching Jesus*, 140.
[51] 同上。

惊讶的是，他发现很少有人传讲保罗书信。[52] 在类近"反向马吉安主义"（Marcionism-in-reverse）[53] 情形中，保罗在传讲正典圣经里被降至次要的位置，有关其经文的讲道，仅仅出现于宗教改革主日、婚礼（林前十三）和葬礼（林前十五）。

当然，对新讲道学传统的讲道者而言，他们有理由避开保罗不谈。因为保罗的经文难以满足后现代对故事的着迷；保罗说话如一个带有权威的人，这令讲道者和会众都感觉不自在；他的信息有时包含了难懂的神学辩论。再者，加拉太和哥林多教会所面对的问题，对现代会众来说已经甚为遥远，他们不认为这些书信与他们现在的处境有何关联。比起保罗对以色列命运的论述（罗九至十一章），会众更能与瞎子巴底买得医治的故事产生联系；保罗说话直接，对他的群体提出具体的教导和指示，当中很多教导对现今的听众来说，挑战了我们文化的前设，令人感到不安。所以，即使保罗在新约圣经里经常出现，甚至建立了传递基督教信息的新体裁，但很多人仍然认为，保罗在前基督教文化所作的讲道，并不适合作为在后基督教文化里讲道的模范。[54]

---

[52] Robert, Jewett, *Paul: The Apostle to America* (Louisville, Ky.: Westminster John Knox, 1994), 14.

[53] 参 Charles Cousar, "Preching on Paul," Journal for Preachers 18 (1995): 9.

[54] 有一些著作探讨了保罗作为讲道者的身份。见 Raymond Bailey, *Paul the Preacher* (Nashville: Broadman, 1991); Jerome Murphy-O'Connor, *Paul on Preaching* (New York: Sheed & Ward, 1963); Fred Craddock, "Preaching to Corinthians," *Interpretation* 44 (1990): 158-68.

虽然对保罗的抵制普遍存在，但是我将在本书中提出，保罗书信能够提供一个叙述性讲道所缺欠的范畴。新约圣经27卷中的21卷都不是叙述性的，而是写给在异教文化里基督徒群体的书信。由于保罗书信在传递基督教信息方面至关重要，大卫·巴特利特（David Bartlett）正确地提出，"在对叙述讲道合理的热诚中，我们有时轻看了保罗。在某些方面，比起最生动的圣经叙述，他的书信还是与我们更加贴近。"[55]

另外，如果讲道的形式能影响信仰，那么保罗的讲道就提醒了我们直接传讲和议论性论述在形成基督徒意识方面的重要性。如果各种圣经体裁都带有启示性，那么，如利科（Ricoeur）竭力地主张，我们很难不考虑保罗书信作为讲道模范的重要性。所以，现在是时候要认识保罗为我们讲道事工的正当模范了。

我并非主张保罗是我们讲道事工的唯一模范。从那些展示叙述、律法、预言、末日启示和诗篇之重要性的人身上，我们可以学到很多。但是，作为在地中海盆地区域建立了持久的信仰群体的人，保罗依然是今日教会重要的教师。由于我们在各种处境中都能观察到保罗的讲道事工，所以我们可以得着多种重要的讲道事工的模范。借着清晰有力的讲道，保罗在异教文化中建立了基督徒群体。就这点而言，保罗为那些在新异教文化中面对要重新建立基督徒群体这一前景的讲道者们，提供了一个所需的模范。

---

[55] David Bartlett, "Texts Shaping Sermons," in *Listening to the Word*, 160.

尽管我认同按文本的形式讲道的重要性，但这次研究不止于描述如何运用书信的体裁及其亚体裁去建构讲章，更会探讨导引整个讲道事工的神学议程。在后基督教思潮中，有关讲道的议程到底是什么？我们如何应对这个对基督教故事以及福音的要求不甚认识的社群？我们如何在一群想要借着上教会来满足自己需要的消费者里，建立真正的信仰群体？这些问题过于复杂，并不能靠讨论讲道的技巧和形式来解决。因此，我想要探讨的，不只是主日讲道的影响，更是我们所有讲道累积而成的影响，以及导引我们宣讲事工的神学议程的影响。

在第一章，我会细查保罗书信，确定它们在多大程度上能成为讲道的模范。保罗是否按他宣讲的方法来写？由于现代读者习惯独自静静地阅读圣经，他们容易忘记了古代基督徒几乎不会在私人处境中阅读这些书信。由保罗口述这些书信，到它们在教会中被宣读，这些书信都有口头论述的直接性。虽然书面写作从来都不能准确地表达口述的言语，但是保罗书信与他的实际讲道有很强的共鸣。另外，拥有多封书信的事实让我们知道保罗讲道事工更整全的目的。书信的范围，由简易的《帖撒罗尼迦前书》，到复杂难懂的《罗马书》，都让我们看见保罗更宽泛的讲道议程。我们发现，在保罗初期的书信里，他的目的是传递有关教义教导的（catechetical）信息，为教会的持续性立下基础。在他后期的书信里，保罗则回应了教会生活的问题。对保罗书信作为口头交流的这一发现，有助我们深入了解较大的讲道议程。

在第二章，我会观察保罗的讲道事工，显明保罗书信所描绘的讲道事工不单单是宣讲福音，更是透过劝勉安慰（*paraklesis*）来塑造群体。所以，保罗写作的模范包含了福音宣讲（kerygma）和教导（*didache*）。保罗书信和《使徒行传》都没有区分这两项交流形式。我们在此可以看到保罗讲道较大的议程：借着叙述和劝勉塑造群体。

在第三章，我会讨论保罗讲道的形式，确定他与议论性论述的普通关系，并与亚里斯多德主义修辞学的特殊关系。这个问题有助了解，在多大的程度上，对议论性论述的厌恶是源自最早的基督教传统。现今讲道学的焦点放在讲章的形式上，从这点上来说，分析保罗讲道的形式应能告诉我们，早期基督徒在选择讲章类型和编排上的看法，并且能够帮助我们理解基督教讲道与任一既定文化中的修辞学之间的关系。

正如我在上文所述，新讲道学的弱项是，它无能力塑造及引导群体走向一个共同的身份，和它在讲坛上提供教牧关怀时的限制。在第四章，我会说明保罗为我们提供了一个有效的教牧讲道模式，可以塑造和建立群体。我会研究保罗在《帖撒罗尼迦前书》，这篇写给没有遇上特别危机的教会的书信里，最初的教牧讲道的努力。并且，我会比较保罗对教牧讲道的理解与对讲道者教牧工作的当代看法。相较起来，叙述性讲道是针对个人作出间接的对话，保罗的说话则是建立群体的意识。他不单接纳心灵破碎之人，更为整个群体提供道德操守的教导。

在第五章，我会检视神学反思在保罗讲道中的功用。《帖撒罗尼迦前书》是教牧讲道作为教义教导的例子，《哥林多前后书》则是保罗对偶然状况的回应。我们需要说明和厘清保罗最初的讲道。无疑，反对与误解使对话成为必需。在出现对基督教故事的理解发生矛盾时，保罗那些紧凑强烈的辩论正是思辩形式讲章的模范。对保罗来说，神学讲道是教牧讲道的自然发展。教牧讲道着眼于教理的教导和群体身份及词汇的确立，而保罗在神学讲道中回应了偶然性的处境，在教会对自身故事反思的过程中引导她。所以，保罗的讲道有效地提醒我们，教会生活里所出现的状况都要求我们有反思的过程。

保罗书信证明，他的讲道包含了提醒会众他们已知的或应知的。在第六章，我会检视重复（repetition）在保罗讲道中的作用。保罗对重复的使用十分重要，因为这确保了生活在非基督徒社会中的第一代基督徒，可以知道他们的故事及群体生活的期望。叙述性讲道假定了讲道者可以间接地传递信息，因为"在基督教的土地上并不缺乏信息"。然而，在后基督教社会中，讲道则需要持续提醒听众有关基督教的故事。在不断改变的环境中，保罗就成为讲道者的模范，引发信徒群体的记忆。

我并非主张在后现代思潮下对讲道的挑战，会因着发现新讲章形式或设计而得以解决。我也不希望放弃我们从讲道的"新皮袋"所学的，退到上一代的讲道。在本书我会说明，在我们对讲道的理解里，保罗是一个被遗忘的导师。他于前基督教时代的讲道，为现今活在后基督教时代的讲道者提供了很多学习的地方。我们可以从他身上学到，最终有效的讲道是基于福音的大能、讲道者对神话语的顺服和讲道者对讲道事工的较大议程的认识。

第一章 保罗作为讲道的模型

活的声音与书面文字：我们在知识上的限制
从口语到书面文字：透过书信看保罗的讲道
总结

任何尝试记录口传历史的人都会遇到一个问题：在录音机和录像机还未被发明以前，我们对说话者的一切认知都来自书写文本，以致当我们要在可用的文献里重建其所说话语的动态时，困难重重。书面记录要么被第三方概括及过滤，要么从说话者的手稿中读取。所以，即使能够拥有演讲稿，如林肯的盖兹堡演说，我们仍然不能借着页面文字得知整个事件。

活的声音与书面文字：我们在知识上的限制

书面证据的限制，为这本书的中心论点——保罗是现今讲道事工的模型——带来了一个特别的问题。不得不承认，现在的我们与保罗实际活的声音（living voice）相距甚远。我们没有他讲道的抄本或录像，有的只是他写给会众一部分的书信。即若那些书信是保罗讲道的实际抄本（而它们不是），它们所提供的内容仍然比不上保罗实际的声音。所以，在知识上的限制令我们要特别注意，认清阻碍我们完整地理解保罗讲道事工的困难。这些困难可以被概括为以下几点。

第一，我们对初期基督教崇拜和讲道的认识出奇地少。我们在重建初期基督教讲道时，反映的多是我们自身教会的惯常做法，而不是古代教会的做法。虽然圣经提供了大量讲道事工的例子，但这本书要探讨的是对一般基督徒的日常讲道，而圣经没有对此提供任何例子。上一代的形式批判家（form critics）对于讲道在初期教会的角色做了相当大的假设，他们假定讲道是为了维持对耶稣说话和行动的记忆。马丁·狄比流（Martin Dibelius）在《从传统到福音》（*From Tradition to Gospel*）的第一章，讨论讲道作为一个媒介，唤起这些故事。这一说法建基于狄比流的假设，他假定我们可以在故事的背后得知讲道在初期基督徒群体中引起回响的地方。近期，叙述性讲道的主张者假定他们知道，讲道在还未被亚里斯多德主义的修辞学"荼毒"以前所采取的原有模式。但是，如果我们定义讲道为崇拜背景下的演说，那么在整本的新约圣经里，我们并不能找到一篇讲道。如陶德（C. H. Dodd）指出，《使徒行传》里的讲章都是宣教讲章，而不是对信徒的日常讲道。[1] 另外，虽然我们现在将《希伯来书》和其他较短书卷视为讲道集（homilies），但初期教会和第1、2世纪的犹太教所采取的讲道形式，仍未能确定。[2] 新约圣经并

---

[1] C. H. Dodd, *The Apostolic Preaching and Its Developments* (New York: Harper & Row, 1964).

[2] K. Donfried, *The Setting of Second Clement in Early Christianity* (Leiden: E. J. Brill, 1974). 26: "讲道/说教（homily）的意义模糊不清，因此最好不要使用，直到证明它文学类别的有效性。问题的关键在于对 homily 的定义。这个字被用于描述各种不同的希腊文学、犹太米德拉什（Midrash）、新约《希伯来书》、伪革利免文献的部分内容和米利托（Melito）论逾越节的小册子。或许，在现今用语中最大的模糊之处在于，一方面该词用来描述受希腊冗长议论

未详述初期教会集体崇拜的架构,而对话语事工的叙述更少。在第二世纪的殉道者游斯丁(Justin Martyr)还没有详细写下有关记录之前,我们对崇拜中的日常讲道一无所知。[3] 确实,新约圣经里并没有与"讲道"相对应的词语。[4] 讲道速记也是在俄利根(Origen)以后才出现。[5] 因此,这个以口传为主的文化,使得我们对早期基督教讲道模式的认识变得十分缺乏。

第二,书面文字从来都与口语不尽相同。讲道者在选择按照手稿讲道或即兴讲道之时,便会认识到两者的区别。有

(diatribe)形式影响的特定希罗犹太文献,另一方面又用于定义一些典型的犹太米德拉什类型的文献。这些并非是排他性的定义,但是他们巨大的差异足以证明要有更精确的定义。"

[3] Justin, *Apol*. 1.67.

[4] F. Siegert, *Drei hellenistisch-jüdische Predigten* (Tübingen: J. C. B. Mohr, 1992), 3. 克劳斯·伯格(Klaus Berger)("Hellenistische Gattungen im Neuen Testament," *ANRW* 2.25.1363)论述了由马丁路德开始,并继续出现于马丁. 狄比流(Martin Dibelius)和鲁道夫·布特曼(Rudolf Bultmann)的"神话化讲道的概念"。在没有清楚定义讲道时,狄比流和布特曼常常认为,讲道是保存并扩展传统的环境。

[5] 关于对俄利根讲道的讨论,见 Éric Junod, "Wodurch unterscheiden sich die Homolien des Origenes von seinen Kommentaren?" in H. Muhlenberg and J. van Oort, *Predigt in der alten Kirche* (Kampen: Pharos, 1994), 50-81. 从俄利根的讲道开始,第一次出现了对基督徒群体口头演讲的速记。从俄利根流传下来逐节释经的讲道模型。这一模型被早期教会采用。之后的传道人在希腊修辞传统中寻找讲道模型。随后,接受修辞学训练的传道人塑造了基督教的讲道。同见 Hughes Oliphant Old, *The Reading and Preaching of the Scriptures in the Worship of the Christian Church* (Grand Rapids: Eerdmans, 1998), 1.252.

些传道人会意识到口语拥有书面文字所缺乏的即时性，就选择不照手稿讲道。选择照手稿讲道的传道人，为了保留口语所带来的效果，在写讲稿时就着重"写给耳听"而非供眼看。讲道者和会众或许会保存书写的讲章，但印刷出来的讲章并不能带来跟原来讲道同样的效果。

古时的作家特别意识到书面文字和口语的差别。柏拉图曾深入批评书面文字，主张口语拥有更高的价值。[6] 在《斐德罗》（*Phaedrus*）（276a）中，苏格拉底（Socrates）形容写作是"一个有知识的人"（the one who knows）所说的话的拙劣代替品。柏拉图也认为，知识的寻找是在个人的头脑里，而非在书面文字的外在抽象中。[7] 为此，他批评诗人的作品。要么他们的话被引述之时，没有与"他们灵魂的领航员"一同解释其中的概念，要么他们对自己所描述的事物根本不认识。[8] 这里的重点是，在书写的作品里，作者的创造智力并不在场，而某些重要的特定意义并不能靠提问得以澄清。在《理想国》（*Republic*）里，柏拉图形容模仿诗人"位于与真理相隔"之地（602b–c）。[9] 柏拉图主张进行对话，因为对话容许讲者与聆听者拥有真正的交流。然而，虽然柏拉图如

---

[6] *Phaedr.* 248-76. 见 Dorothea Frede, "Mündlichkeit und Schriftlichkeit: von Platon zu Plotin," in *Logos und Buchstabe: Mündlichkeit und Schriftlichkeit im Judentum und Christentum der Antike*, ed. Gerhard Sellin and François Vouga (Tübingen: Francke, 1997), 33.

[7] Tony Lentz, *Orality and Literacy in Hellenic Greece* (Carbondale, Ill.: Southern Illinois Univ. Press, 1989), 15.

[8] 同上。

[9] 同上。

此批评书面文字,但他自身也著述颇丰。于是,我们在此所面对的是一个矛盾的状况:我们只能透过柏拉图的著作,去了解他对写作的批评。

在对写作的基本批评中,有一个是,书面文字不能回答问题,因此不能解释其文字想要表达的意思。简言之,莎草纸(papyrus)并不拥有一个活着的头脑或"领航员"的知识。伊索克拉底(Isocrates)写给戴欧尼修斯(Dionysius)时说,若果他还年轻,他不会给他写信,而是亲自拜访并跟他谈话;因为跟书信比起来,交谈更能表达一个人的想法(*Ep.* 1,1 - 2)。与此对应的是约翰长老的一句话:"我还有许多话要写给你们,可是我不想借用纸墨,而是盼望能到你们那里当面谈谈,好让我们的喜乐充足。"(约贰 12)说话比书写更好,因为说话是活的,而书面的文字虽然记存了口语,但却比口语少了些东西,所以被视为次一等。[10]

在整本圣经里,我们面对相同的矛盾状况。保罗延续了将说话和书写明显区分的传统。对口语的偏好随处可见。根据阿莫斯·怀尔德(Amos Wilder)所说,圣经的信仰是"一个耳听而非眼见的事"。[11] 在西乃山上,以色列人所经历的都是听觉的:群体在聆听神的声音。以色列人的领袖——摩

---

[10] Peter Müller, "Der Glaube aus dem Hören: Über das gesprochene und das geschriebene Wort bei Paulus," in *Religious Propaganda and Missionary Competition in the New Testament World*, Fs. Dieter Georgi, ed. Lukas Bormann, Kelly Del Tredici, and Angela Standhartinger, NovTSup 14 (Leiden: E. J. Brill, 1994), 407.

[11] Amos Wilder, *The Language of the Gospel: Early Christian Rhetoric* (New York: Harper & Row, 1964), 18.

西、约书亚及其他先知,都是利用口语的即时性代表神向以色列人说话,并呼召他们要聆听。旧约中"神的话语"并没有被简化为书面文字。[12] 同样,耶稣来是要"宣讲神的福音"(可一14)。这明显将书面文字置于口语之下。

虽然保罗透过他的书信作为媒介,为基督教的论述引入了新的文学体裁,但他还是偏好口语的即时性。保罗知道,神呼召他是要去宣讲,而不是写作。他多次形容自己的使命是讲道的使命。他告诉哥林多教会:"基督差遣我,不是要我去施洗,而是去传福音。"(林前一17)而保罗所传的福音就是"神拯救的大能"(罗一16)。保罗与其他古时候的作家和今日很多的讲道者一样,都较为喜欢口语;他们认为书面的文字仅是口头交流的代替品。当保罗形容他所传的道为"听的道",以此说明他的话就是神的话的时候(帖前二13;作者自译),他所强调的是讲道的听觉层面。保罗坚持"信心是从听道来的"(罗十17),并且将自己的讲道描述为"因信而听见"(加三2)。在保罗与加拉太教会进行激烈的争论中,他认识到,书面文字只是代替自己在他们中间:"我恨不得现今就在你们那里,改变我的口气,因为我为你们十分困扰。"(四20)[13] 因此,《加拉太书》不仅代替保罗说话。作为一种文字交流,它与使徒实际的声音还有一段

---

[12] 见 Ina Willi-Plein, "Spuren der Unterscheidung von mündlichem und schriftlichem Wort im Alten Testament," in *Logos und Buchstabe*, 77. 卫理佩兰(Ina Willi-Plein)将《耶利米书》三十六章中巴录记录耶利米的话的事件,描述为"第一次在圣经内明显提及用文字记录先知的话"。

[13] Peter Müller, "Der Glaube," 421.

距离。[14] 虽然保罗更愿意亲自去劝服加拉太教会,但是这封书信已然代替了他的讲道。

保罗与哥林多教会之间争论的核心问题暗示了,他们意识到书面文字与口语的分别。杜恩·勒凡(Duane Litfin)曾经有力地指出,保罗与哥林多教会之间的交流表明,保罗和反对他的人都不将保罗的书信看为他实际的声音。[15] 保罗在《哥林多后书》一13写道:"我们现在写给你们的,不外是你们可以宣读、可以明白的。"这反映了保罗的书信与他讲道之间的差别。[16] 另外,反对者控告保罗:"他的信又严厉又强硬,他本人却其貌不扬,言语粗俗。"(林后十10-11)这也暗示了,在公众脑海中,保罗的写作与他的说话不同。

第三,保罗的书信只展示了他与教会沟通的一小部分。我们并没有他与教会通信的全部记录(见 林前五9;林后二1-4)。另外,我将会在第二章论述,保罗的福音性讲道之后,往往是一连串教牧事工。他也会在写信前一段时间,给予教会一些教导。例如在《帖撒罗尼迦前书》里,保罗数次提及他先前的教导(帖前三4;四1-2,6,9;五1),这表明了保罗曾经在帖撒罗尼迦待了很长一段时间,开展教导事工。后来,他也差派提摩太去继续教导的工作。保罗在哥林多总

---

[14] 同上,435。

[15] Duane Litfin, *St. Paul's Theology of Proclamation*, SNTSMS 70 (Cambridge: Cambridge Univ. Press, 1994), 257.

[16] 同上。

共待了 18 个月，而他在以弗所待的时间更长。[17] 由于我们只有保罗的书信作为他与教会沟通的记录，所以我们很容易便会高估了书信在保罗与教会整个沟通中的重要性；但事实上除了书信以外，这个沟通还包括了保罗在事奉的地方进行的对话和教导（见帖前二9）、在私人家里聚会和向家庭教会的讲道。即便只有几个星期的短暂探访，也比一封感人的书信更有影响力。

因此，书信只是保罗次等的讲道模式，并不能与这位使徒当时活的声音相提并论。它们只是保罗与教会整个沟通中的一部分。不论是保罗或是教会，都不将保罗的书信看为他实际的讲道。大卫·巴特利特（David Bartlett）的论述很中肯。他说："保罗是一位以自己的讲道为荣的传道人，但在正典圣经里我们所看见的并不是他的讲章……而是他的书信。"[18]

从口语到书面文字：透过书信看保罗的讲道

我们想要呈现保罗是我们讲道的模范，但口语与书面交流之间的差异给我们造成鉴难以克服的阻碍。不过，我们始终没有因着两者的差异而否定这两种沟通方式之间的连续性。当阅读熟识之人或经常听他们说话之人的书籍和文章时，我

---

[17] Reinhold Reck, *Kommunikation und Gemeindeaufbau*, SbB (Stuttgart: Katholisches Bibelwerk, 1991), 203.
[18] David Bartlett, "Texts Shaping Sermons," in *Listening to the Word*, Fs. Fred Craddock, ed. Gail R. O'Day and Thomas G. Long (Nashville: Abingdon, 1993), 157.

便时常发觉这种连续性。因为在读那些文字的时候,我会认出一些独特的说话模式,而这些模式是我曾经在他们口语表达中听过的。有时候,我会重复读到一些我曾经在口语表达中听过的词语。但更多出现的情况是,当阅读那些文字的时候,我仿佛听到作者真实的声音。虽然印刷的纸张不会发出作者实际活的声音,但它却带有他们说话的强烈回声。每当查考那些在录音技术未被发明之前的伟大演说家的演讲时,我们都会注意到这种连续性。即便我们知道书面文字跟口语所带来的影响不同,不过我们也同样发现这两种沟通方式之间有足够的连续性,让我们可以相信演说家德莫斯提尼(Demosthenes)、伊索克拉底(Isocrates)和西塞罗(Cicero)的著作能够告诉我们很多有关他们口语演说的独特性。昆体良(Quintilian)曾断言:"写作是雄辩扎根和立基的地方,是贮藏演讲术财富的至圣所。所以,写作的诞生就是为了应对突如其来的紧急状态。"[19] **我认为,由于保罗活的声音与他随后的书信之间存有一重要的关系,所以他的书信呈现了他实际讲道事工的强烈回声。**[20] 在保罗书信里,我们能够接近他对听众说话的真实声音。所以,尽管他原来的实际讲章没有被保留下来,但是他的书信还是为他的讲道间接作了见证。

---

[19] Quintilian, *Inst.* 10.3.3. Cited in Casey Wayne Davis, *Oral Biblical Criticism: The Influence of the Principles of Orality on the Literary Structure of Paul's Epistle to the Philippians*, JSNTSS 172 (Sheffield: JSOT, 1999), 28.

[20] Peter Müller, "Der Glaube," 422.

有数个因素表明保罗的书信带有他实际讲道的强烈回声。**第一，与其他古代的作家一样，保罗会向誊写员口述他的书信内容；这意味着，保罗的口头演说与他的书信紧密相关。**[21] 所以，他的书信是口头事件的结果，沟通主则要是针对耳朵，而非眼睛。[22]

由于保罗的书信是口述的，因此他无疑是想像了在他面前有一群听众。就如一些传道人会在预备讲章时想像具体的情况和人物，保罗在预备书信时也会在脑中想着特定的听众和情形。口述的过程容许保罗能对在远处聚集的群众说话。我们可以假定，他思想组织方式跟他平常演说方式是相近的，保罗充满激情的风格、热情和复杂的用句都带有他口语而非书面文字的印记。[23] 桑德斯（E. P. Sanders）把保罗的写作过

---

[21] 见 E. Randolph Richards, *The Secretary in the Letters of Paul*, WUNT 42 (Tübingen: J. C. B. Mohr, 1991), 169-87. 另见 Gordon J. Bahr, "Paul and Letter Writing in the First Century," *CBQ* 28 (1966): 465-77.《罗马书》十六 22 说明保罗口述了他写给罗马教会的书信。保罗在《哥林多前书》十六 21、《加拉太书》六 11 和《腓利门书》19 的注解暗示了，他其他书信也是口述的，然后保罗加上了最后的声明。另见 Paul Achtemeier, "*Omne verbum sonat*: The New Testament and the Oral Environment of Late Western Antiquity," *JBL*, 109 (1990): 12-15. Achtemeier 发现，"口语环境无处不在，以至于没有一份著作不是述说而成的。这一事实对我们而言十分重要"（15 页）。另见 John D. Harvey, *Listening to the Text: Oral Patterning in Paul's Letters*, ETG Studies (Grand Rapids: Baker, 1998), 52.

[22] Harvey, *Listening to the Text*, 18.

[23] William Barclay, "A Comparison of Paul's Missionary Preaching and Preaching to the Church," in *Apostolic History and the Gospel*, ed. W. Ward Gasque and R. P. Martin (Exeter: Paternoster, 1970), 170: "保罗书

程描述为激烈辩论里的一部分,那个苦恼、难过不安的使徒正在来回踱步,"在口述时,时而恳求,时而抱怨,但更多时候,他是在吼叫"。[24]

第二,书信是保罗莅临的理想替身,而且书信能传递他作为使徒的自我认识。如罗伯特·芬克(Robert Funk)所发现,书信是保罗用以建立他与教会同在的渠道。[25] 书信被广泛认为是扩展友谊、确立写信人莅临的方法。保罗在《哥林多前书》五 3 所说的"身体虽然不在你们那里",但"心灵却与你们在一起",暗示了书信是他与哥林多教会同在的方法,是代表他使徒权威的媒介。[26] 哥林多信徒控告保罗,"他的信又严厉又强硬"(林后十 10)。这表明在保罗的书信被阅读之时,保罗的权威也被彰显出来。保罗透过这些能够代表他莅临的书信,清楚地传达了他的能力。所以,保罗的书信充满了他使徒的权威,是保罗与特定教会分隔时,对该教会所说的独特话语。[27] 这个事实暗示了,保罗通过书信传递的莅临与他本人的莅临之间,存有连续性。

信更像讲章,而不是神学专著。他们针对的是直接的处境。它们是口述的,而不是书写的。尤其在这个意义上,它们是讲道。这些书信并非是一个人在书桌前仔细思考后而成,它们是一个人在房间里来回踱步口述而成。书信的收信人一直出现在作者的脑海之中。"

[24] E. P. Sanders, *Paul* (Oxford: Oxford Univ. Press, 1991), 54.

[25] Robert Funk, "The Apostolic Parousia: Form and Significance," in *Christian History and Interpretation*, Fs. John Knox, ed. W. R. Farmer, C. F. D. Moule, and R. R. Niebuhr (Cambridge: Cambridge Univ. Press, 1967), 249.

[26] Funk, "Parousia," 264.

[27] David Bartlett, "Text Shaping Sermons," 157.

第三，保罗要求他的书信被公开宣读，这亦反映了他与教会的沟通具有口语的性质。彼得·波塔（Pieter Botha）正确地指出，保罗大部分的听众也许从未看过他的书信。[28] 保罗要求他的书信在帖撒罗尼迦教会聚会时被宣读："我凭着主吩咐你们，要把这封信读给众弟兄听。"（帖前五 27）虽然这个要求只在《帖撒罗尼迦前书》出现，但我们可以设定，基于保罗所有的写作都是为口头宣读之用，为了那些聚集敬拜的群体的益处[29]，他期望所有的书信都会被宣读。[30]

送信人和公开读信的人，在保罗书信信息传递中有着决定性的角色。尤其是那时的文化十分看重口语呈现。[31] 比起书面文字，人们较喜欢"活的声音"，而口语呈现就是把书面文字变为活的声音的方法。昆体良（Quintilian）在《雄辩术原理》（*Institutio Oratoria*）中展示了如何小心使用适当口

---

[28] Pieter Botha, "The Verbal Art of the Pauline Letters," in *Rhetoric and the New Testament*, ed. Thomas H. Olbricht and Stanley Porter, JSNTSS 90 (Sheffield: JSOT, 1992), 413.

[29] Raymond F. Collins, "1 Thes and the Liturgy of the Early Church," *BTB* 10 (1979): 51.

[30] Walter Ong, *Orality and Literacy: The Technologizing of the Word* (New York and London: Routledge, 1982), 115: "在西方古典时代，有价值的书面文字都意味着要被、也值得被大声宣读。大声诵读文本的做法以十分常见但有诸多变化的方式，延续至 19 世纪。这一做法强烈地影响了从古代直到近代的文学体裁。"

[31] Claude Cox, "The Reading of the Personal Letter as the Background for the Reading of the Scriptures in the Early Church," in *The Early Church in Its Context: Essays in Honor of Everett Ferguson*, ed. Abraham J. Malherbe, Frederick W. Norris, and James W. Thompson, NovTSup 90 (Leiden: E. J. Brill, 1998), 82.

译。³² 他对嗓音、语调的抑扬顿挫和朗诵者的姿势给予了全面建议，这表明当时的人们对朗诵怀有着高度的期望。³³ 除了口述书信，书信作者通常也会向送信人简单介绍书信的内容，并给他们补充的信息，让他们向听众传递这些额外的信息。³⁴ 据理查德·沃德（Richard Ward）所说，在基督教的敬拜中，背诵的或口头撰写的文本（例如文本的福音书或书信），都带有口头论述的即时性。差派使者去宣读这些信件是一个确立写信人莅临的有效方法。由于书信带有口语的特性，因此透过公开宣读，书信又能重新变成口语。³⁵ 读信的人体现了书信的情感价值，并尝试让这些价值来塑造整个演

---

³² 参 Martin Cobin, "An Oral Interpreter's Index to Quintilian," *Quarterly Journal of Speech* 44 (1958): 61-66. 昆体良将他对表达的广泛教导应用于文本阅读。他指出，读者必须十分熟悉他的文本。"我们的演员被要求展示如何表达一段叙述内容，权威的语气应标志着怒气上升，语气的改变则是悲怅的特征"（*Inst.* 1.11.12）。昆体良在其他地方论道："演讲中所选内容的关切之事需要解释。因为这样，他们就能更加清楚意识到要宣读的是什么。当宣读开始时，关于在呈现主题时的丰富性或风格方面的重点，不能被忽视。"昆体良接着说明宣读者如何理解绪言，并将演说分成几个不同标题的模块："论述的发展有多微妙和频繁，激励人心的部分如何有气势，令人感到安慰的内容的魅力是什么，谩骂有多激烈，嘲笑有多机智。最后，演说者如何影响听众的情绪，使他的方式直入人心，令评委会的情感完全认同他的话语。"（*Inst.* 2.5.8）。

³³ 见 Quintilian, *Inst.* 1.11.2-14.

³⁴ Martin McGuire, "Letters and Letter Carriers in Ancient Antiquity," *Classical World* 53 (1960): 148, cited in Richard Ward, "Pauline Voice and Presence as Strategic Communication," *SBLSP* 29 (1990): 289.

³⁵ Ward, "Pauline Voice and Presence," 289.

说。[36] 沃德提出，保罗小心地拣选他的使者，期望他们能借着口头传达建立他作为使徒的莅临。事实上，口头传达只是第二个营造"书信中的保罗"的"行动"。[37] 波塔主张，保罗更会指导读信的人去预料实际的事态；[38] 他也期望读信的人不单单朗诵他书信的内容，更要"诠释"那些内容。[39] 保罗曾说提摩太会"提醒你们我（在基督里）是怎样行事为人"（林前四17），这表现了保罗的使者在解释书信上的重要性。与此对应的是保罗在《以弗所书》的结语："亲爱的推基古弟兄是主里忠心的仆人，他会把我的一切都告诉你们，使你们可以知道我的景况。"由此我们可以推断，保罗把他亲手所写、经历长途运送的手稿，委托给他信任的人，以便使者能够借着说话和肢体，向其他人展示保罗的意图和信息。"书面文字是在嘴里产生的，故此也是在嘴里恢复原态和活现起来，并只有通过朗读才能达至整全的状态。"[40]

第四，我们会发现保罗书信只是在重复他先前对会众所说的话。在多数情况下，保罗表示他的书信是复述他在个人讲话中曾对他读者所说过的话。保罗在《加拉太书》的开首说："我们已经说过，现在我要再说。"（一9）这句话显

---

[36] 同上，290。

[37] 同上。

[38] Botha, *The Verbal Art of the Pauline Letters*, 417. "保罗口述自己的书信很可能是教导送信者以及最终的读者。送信者很可能视宣读书信为保罗所要的。"

[39] Ward, "Pauline Voice and Presence," 289.

[40] Ong, "*Maranatha*: Death and Life in the Text of the Book," *JAAR* 45 (1977): 437, cited in Botha, 418.

然是引述他先前在加拉太教会的讲道。在结尾部分,保罗列出了一些恶习,并说:"我从前早就告诉过你们,现在又事先告诉你们:行这些事的人,必定不能承受神的国。"(五21)保罗在这里所指的是,他向受洗前或受洗后的新信徒的教导。[41] 保罗写这封信的期望,正是使者向会众读出书信时所带出的听觉效果。这封信是保罗在面对异议的背景下重新宣讲福音的机会。[42] 在《帖撒罗尼迦前书》三4,保罗提及群众的受苦经验,"我们早已多次[43]对你们说过,我们将会遭受这些事"(按作者自译),与此相应的是保罗在《哥林多后书》七3所说的话:"因为我从前说过,你们常在我们心里,甚至可以同生共死。"在《哥林多后书》十三2,保罗显然在引述他早前探访时所说的话:"我第二次到你们那里去的时候说过,现今不在你们那里,再预先对那些从前犯了罪的和其余的人说:我若再来,必不宽容。"另外,保罗向哥林多教会提出筹集援助资金的实际方案时,也说:"从前我怎样吩咐加拉太的众教会,你们也要照着去行。"(林前十六1)在教义的议题上,保罗写道:"弟兄们,我要把我从前传给你们的福音向你们讲明。"同样,在提及主耶稣基督的再来(The Parousia)时,保罗对帖撒罗尼迦教会如此说:"我还

---

[41] Richard Longenecker, *Galatians*, WBC (Dallas: Word, 1990), 258.

[42] J. Louis Martyn, "Events in Galatia," *Pauline Theology*, ed. Jouette M. Bassler (Minneapolis: Fortress, 1991), 1.161, 179.

[43] 留意 προελέγομεν 的未完成时态,表示重复的动作。见 Traugott Holtz, *Der erste Brief an die Thessalonicher*, EKK (Neukirchen: Benziger, 1998), 128.

在你们那里的时候,曾经把这些事告诉你们,你们不记得吗?"(帖后二5)[44] 从这些语句中我们可以看到,保罗的讲道和他书信之间的连续性。他在口头上与教会的沟通,包括了以教义教导基督徒的生活、复述他原本的讲道、解释之前对基督徒生活和信仰的教导。虽然这些书信不能完全等同于保罗的口头讲道,但是它们能延续早前的对话,并复述保罗所说过的话。[45] 所以,这些书信为我们理解保罗的讲道事工提供了重要的洞见。

第五,保罗讲道的口头或听觉层面,无疑决定了他书信的内在风格和行文布局,[46] 因为在所有书面交流中,它们可能最接近口头交流。鲁道夫·布特曼(Rudolf Bultmann)认为,保罗书信记录了保罗"惯常表达自己的方法,无论是用信件或是口头方式";[47] 写信让保罗能"与他的读者保持近乎口头的联系"。[48] 沃尔特·翁(Walter Ong)指出,这个口

---

[44] M. Luther Stirewalt Jr., "Paul's Evaluation of Letter-Writing," in *Search the Scriptures*, Fs. Raymond T. Stamm, ed. J. M. Myers, O. Reimherr, and H. N. Bream (Leiden: E. J. Brill, 1969), 192.

[45] Leander Keck, "Toward a Theology of Rhetoric/Preaching," *Practical Theology*, ed. Don Browning (San Francisco: Harper & Row, 1983), 130.

[46] Raymond Bailey, *Paul the Preacher* (Nashville: Broadman, 1991), 18.

[47] R. Bultmann, *Der Stil der paulinischen Predigt und die kynisch-stoische Diatribe*, FRLANT 13 (Göttingen: Vandenhoeck & Ruprecht, 1910), 3.

[48] Werner Kelber, *The Oral and Written Gospel: The Hermeneutics of Speaking and Writing in the Synoptic Tradition*, Mark, Paul, and Q (Philadelphia: Fortress, 1983), 168.

语特质"即使在书信部分也是占绝对优势的"。[49] "弟兄们"、"我说"、"你们自己知道"等这些词汇,经常在保罗书信中出现。当保罗提及自己的书信时,相比起"写"这个动词,他更喜欢用"说"。在这种情况下,保罗用"写"(γράφειν)超过二十次,而用"说"的次数最少有四十次。[50] 约翰·哈维(John D. Harvey)在保罗作者身份没有争议的书信中探讨他口头演讲的模式,并发现保罗一贯使用口头交流的独有特征。例如,保罗经常用到的交错结构(chiasm)、重复、叠句(refrain)、环型结构(ring composition)、首尾呼应等技巧,都是口语文化中的常见模式。[51] 另外,保罗的对话风格折射了他意识到与听众的关系,并显明他演说的质量。他所使用的呼格(vocatives)、反问和论述公式(disclosure formulas)("我想你知道")证明了他论述的对话质量。[52] 保罗书信的文体特征显明,保罗在写信的时候,他所想象的是自己对集体听众说话,而不是写给个别的读者。[53]

---

[49] Ong, *Orality and Literacy*, 75.

[50] Stirewalt, "Paul's Evaluation of Letter-Writing," 192.

[51] Harvey, *Listening to the Text*, 97-118.

[52] 见 Davis, *Oral Biblical Criticism*, 64. 有关保罗对话中的对话特性,将会进一步在第二章及第四章处理。

[53] 见 R. Dean Anderson Jr., *Ancient Rhetorical Theory and Paul*, rev. ed. (Leuven: Peeters, 1999), 119. 参 Hans Hübner, "Der Galaterbrief und das Verhältnis von antiker Rhetorik und Epistolographie," *TLZ* 109 (1984): 245; Bo Reicke, "A Synopsis of Early Christian Preaching," in *The Root of the Vine*, ed. A. Fridrichsen (Westminster: Dacre Press, 1953).

沃尔特·翁（Walter Ong）认为，我们没有意识到圣经的口语性质，这"干扰了我们对圣经本质的理解，也干涉了圣经厚实的口语基础"。[54] 例如，当圣经学者在研究保罗书信时，他们只注意反映作者行文组织安排的标志。接受西方文化训练的作家，会很自然地寻找作者组织原则的视觉标志。当这些视觉标志并不存在或是含糊不清之时，学者们通常会对这个事实作出不同的解释。他们会说这是一个合成作品的特质，或者说这表明作者使用了其他资料。根据保罗·阿克提美亚（Paul Achtemeir）的说法，这样的理解完全是时代错置的，因为它所假定的是"印刷"文化中的组织原则，而忽略了口语文化的组织原则。[55] 在口语文化里，发言者会利用各种方法帮助听众紧跟论点，并标示话题的变化。[56]

由于在保罗之前，书信长期以来都被用来代替口头论述，所以书信成为了口头交流的媒介。书信写作在第一世纪已经被确立，并时常被定义为对话的另一半。[57] 由于信件是某个

---

[54] Walter Ong, *The Presence of the Word* (New Haven: Yale Univ. Press, 1967), 21.

[55] Achtemeier, "*Omne verbum sonat*," 27.

[56] 同上，26。因为《哥林多后书》和《腓立比书》的论述流程很难把握，所以最普遍采纳的方案是认为书信是一份复合作品。阿克提美亚认为，《腓立比书》是一个就大量话题彼此沟通的例子。三1和四1清楚界定了这些话题是为了听众的益处。关于《腓立比书》修辞的整体性，见 Duane Watson, "A Rhetorical Analysis of Philippians and Its Implications for the Unity of Question," *NovT* 30 (1988). 参 Davis, *Oral Biblical Criticism*, 141-61.

[57] Abraham J. Malherbe, *Paul and the Thessalonians* (Philadelphia: Fortress, 1987), 69.

人的代表，所以信里的内容被认为是作者莅临时会说的话，而其说话方式也会复合当时的场合。[58] 在古代世界，书信与口头论述（对话，演讲）密切相关。伊格那修（Ignatius）形容自己写给以弗所教会的书信为对话（《致以弗所教会》九2），另一封写给马内夏（Magnesia）教会的信为演讲（《致马内夏教会》一1）。[59]

第六，写信和演说的密切关系也表明，保罗的书信反映了他的口语。根据乔治·肯尼迪（George Kennedy）的说法，演说与书信之间一直紧密存有正式的关系。[60] 虽然古代理论家清楚地划分信件（letter）和书信（epistle）[61]，但实际上这两种交流方式有很多共同之处。史坦利·斯托尔斯（Stanley Stowers）指出，许多信件的类型都可以归入修辞学三大类里的其中一类——庭辩性（forensic）、议政性（deliberative）和表现性（epideictic）。[62] 事实上，一些古代信件在本质上

---

[58] 同上。

[59] David E. Aune, *The New Testament in Its Literary Environment* (Philadelphia: Westminster, 1987), 197.

[60] George Kennedy, *New Testament Interpretation through Rhetorical Criticism* (Chapel Hill: Univ. of North Carolina Press, 1984), 86-87.

[61] 见 J. Classen, "St. Paul's Epistles and Ancient Greek and Roman Rhetoric," in *Rhetoric and the New Testament*, ed. Stanley E. Porter and Thomas H. Olbricht, JSNTSS 90 (Sheffield: JSOT Press, 1993); Anderson, *Ancient Rhetorical Theory and Paul*, 118.

[62] Stanley Stowers, *Letter Writing in Greco-Roman Antiquity*, LEC (Philadelphia: Westminster, 1986), 23. 另见 Jeffrey T. Reed, "The Epistle," in *Handbook of Classical Rhetoric in the Hellenistic Period*, ed. Stanley Porter (Leiden: E. J. Brill, 1997), 174-75. Reed 认为，修辞学类

就是书信框架下的修辞著作（rhetorical writings），这也表现出信件与演说之间的紧密关系。[63] 举例来说，德莫斯提尼（Demosthenes）在流亡时写给雅典议会的头四封信件中表示，如果可以的话，他会亲自出席议会解释，但基于他所身处的情况，他必须用信件表达他的想法。[64] 尽管修辞的规矩和准则是为了口头演讲形成，但这些修辞原则也可以直接或间接地使用在信件的写作中。[65] 希腊的"演说者"伊索克拉底（Isocrates）因为太害怕公开演说，所以把自己的演讲写下来，以便公开发表，或是作为寄给个人的公开信。[66]

总结

虽然保罗和其他古人都把书面文字与口语相区分，并且他们都偏好后者，但是我们仍然可以得出结论：保罗书信提供了**聆听**的机会。我们从这一系列代表保罗莅临、并在聚会中被宣读的书信中，得以窥探保罗讲道事工的范畴。倘若这些书信的内容是保罗在场时要说的，那么透过这些书信，我们就能发现保罗讲道的排列原则、论证方式和风格特征。由于这些书信是写给处于不同的情况下的不同群体，因此它们

别和信件分类之间的**重叠**可能只是说明在文化上共享的论述方法的出现，而非说明作者对修辞学手册的依赖。

[63] Anderson, *Ancient Rhetorical Theory and Paul*, 121.
[64] *Ep.* 3.35, cited in Anderson, *Ancient Rhetorical Theory and Paul*, 123.
[65] Frank W. Hughes, *Early Christian Rhetoric and 2 Thessalonians*, JSOTSup 30 (Sheffield: JSOT, 1989), 47.
[66] Kennedy, *New Testament Interpretation*, 87.

能让我们深入了解保罗在各种情况下的讲道，并且发现保罗所有讲道的共同主题，以及保罗回应新环境的能力。由于保罗书信种类如此繁多，我们因此可以理解克里斯蒂安·贝克尔（J. Christiaan Beker）所说的保罗思想的"连贯性"和"偶然性"。[67] 例如，在《帖撒罗尼迦前书》中可以找到保罗对信徒群体突出的标准教义性讲道。这是封重要书信，将会在第四章中论述，帮助我们理解保罗教牧性讲道的议程。在保罗其他书信中，我们可以观察到他对偶然处境的回应。从保罗应不同情况而作的回应，我们可以寻找一个恰当的模式，让话语事工能在我们的年代延续下去。保罗既是一个布道者，也是一个教牧性的讲道者；他提供了了解两种讲道模式关系的洞见。保罗向那些符合他的期望而生活的群体讲道，也向身处危机的群体讲道；他向那些与他建立了长久关系的群体讲道，也向陌生的群体讲道。保罗在他超过十年的讲道事工中，为现代讲道者留下了一个适用于整个讲道事工的模型。

纵然保罗的信件既不是他的讲章，也不是他与教会沟通的首选方式，但这些书信是我们所拥有的唯一有关保罗讲道事工的记录。透过这个小窗口去看保罗的工作，我们可以清楚确知保罗在众教会的宣教和牧养工作。正如在第二章会说明的，我们可以观察到保罗与听众沟通的进程，由最初的相遇，到后来保罗借书信继续与他们对话。保罗讲道的结果是群体的形成，随后是他利用口头指导，继而利用书信，来维系群体。因此，他的信件与他的讲道密切相关。跟所有古代演讲者的情况一样，我们也是通过书面文字来认识保罗。

---

[67] J. Christiaan Beker, *Paul the Apostle: The Triumph of God in life and Thought* (Philadelphia: Fortress, 1980), 23-93.

第二章 保罗的福音教牧性讲道

福音性讲道：保罗及其归信的故事
福音性讲道：保罗及帖撒罗尼迦教会
针对新归信者的教牧性讲道

一个多世纪以来，圣经学者在新约中发现了两种不同的保罗肖像。一方面，我们认识《使徒行传》里所描绘的那个大众印象中的保罗。他是一位旅行者和宣教士，在犹太会堂领袖和雅典哲学家面前，用同样超凡的口才传讲福音性的道。作为一位演说者，他影响深远，以致路司得（Lystra）的人都称他为众神的使者汉密士（Hermes；徒十四 12）。保罗从前在大数（Tarsus）和耶路撒冷接受教育（徒二十二 3），能用希腊语或亚兰语（Aramaic）向众人演讲。不论是在耶路撒冷的公会还是在罗马官员面前，保罗也是一个相当能言的演讲者。

另一方面，我们也能从书信中看到保罗的另一个形象。虽然《使徒行传》把保罗描述为一名宣讲者，并从来没有提及他是一个写信之人，但是在保罗书信中，保罗自己和他的反对者都认为，他是一个"不善辞令"的人（林后十一 6）。面对反对者的指控——"他的信又严厉又强硬，他本人却其貌不扬，言语粗俗"（林后十 10）——保罗并不否认。

尽管《使徒行传》和保罗书信都将保罗描述为一个立志"不在宣扬过基督的地方传福音"的讲道者（罗十五 20），但是它们对保罗的传道事奉的描述似乎不通。在《使徒行传》中，保罗主要是一个巡回宣教士，他对非基督徒听众的讲道十分有效，以至于无论去到哪里，他的讲道都能领人归信。在保罗书信中，他却是在牧养教会；他说话的对象也只是那些因他的福音性布道而形成的圣徒群体。

这些保罗讲道事工的不同描述，为我们现在区分福音性和教牧性讲道提供了基础。陶德（C. H. Dodd）所著的一本甚有影响力的书，《使徒的讲道及其发展》（*Apostolic Preaching and Its Developments*），也显明地区分了《使徒行传》中向非基督徒听众讲道的保罗，和在书信中向信仰群体给予教牧指导的保罗。[1] 陶德根据他对"福音宣讲"（kerygma）和"教导"（didache）这两个词的研究，将讲道定义为"基督教向非基督教世界的公开宣讲"。[2] 他补充道：

> 今天在我们教会里的不少讲道，都不会被早期的基督徒视为福音宣讲（kerygma）。那些讲道是教导，或是劝勉安慰（paraklesis），又或是他们所称的演讲（homilia），也就是向一个已经在信仰中被建立的社群，大体上以非正式的形式探讨有关基督教生活和思想的各样内容。[3]

陶德对福音宣讲（kerygma）和教导（didache）的区分，对我们理解讲道事工有重大影响；而且，如果我们要视保罗

---

[1] C. H. Dodd, *The Apostolic Preaching and Its Development* (1936; reprint, New York: Harper & Row, 1964), 7-9.
[2] 同上，7。
[3] 同上，7-8。

为一个模范，这个区分也对当代的实践提出了一些重要难题。陶德的主张——福音性讲道的听众仅限于非基督徒——需要被仔细审视，特别是在我们这个时代。身处基督教文化与后基督教文化转型的过程中，我们不可能做出如此明显的区分。我们期待自己的听众之间存在着连续体（continuum），从深受基督教传统影响的人，延伸至跟基督教信仰若即若离的人。因此，我建议根据古代证据及现代处境，审视陶德对福音性和教牧性讲道的显著区分。

陶德所持"我们是向一个已经在信仰中被建立的会众"的观点，在1936年比在2000年更为可信。他的论点反映了他所处当时英国基督教文化的处境。正如我在概论所言，我们现在身处后基督教文化，与陶德并不相同。然而，尽管处境有所改变，大多对福音性讲道的普遍看法，依然与陶德的一致。福音布道被认为是电视福音布道者或宣教士的工作，而不是那些对已经被建立之教会讲道的人的工作。我们假定自己的教会在很久以前就已经接受福音，因而认为我们的讲道几乎完全是教导（didache），而不是福音宣讲（kerygma）。另外，我们亦假定自己是"在一块基督教的土地"上，向那些已经听过福音的人讲道。[4] 这种假设体现于讲道学的文献中，

---

[4] 请注意此书副标题 Fred Craddock, *Overbearing the Gospel: Preaching and Teaching the Faith to Persons Who have Already Heard* (Nashville: Abingdon, 1978).

其中大量的标题都是指导为着已经改信的基督徒的需要讲道，而甚少是关于福音性讲道。[5]

我在前一章论到，保罗书信不仅为特定的讲道，也为整个讲道事工提供了模范。大众的看法是：这些书信将保罗单单描述为一个教牧性传道者，他以严谨的神学论述向他的教会说话。如果这一看法正确，那我必须承认，我将难以论证我的观点。表面上，这些书信似乎并没有讲述保罗的福音性讲道，也没有描述保罗在写这些信件之前所有的传道活动。保罗书信记录了不同群体在与保罗关系中某个时期所听到的信息，并没有交代书信前的故事，或是后续对话。例如，我们能够听到《罗马书》九至十一章中错综复杂的论点，但是我们缺乏整个事件的脉络。在有关割礼的话题上，我们能够进入保罗与加拉太教会的对话中，但是因为我们未能听到先前的讨论，所以不免错过了一些观点。这些复杂的论点为讲道设置了困难的模型。正如我在概论所指，这个普遍的看法几乎无法使保罗成为讲道的典范。我们难以想像会众会对这种浓郁的神学论证有所回应。我们更喜欢的还是故事，它符合我们自己生活的叙事。

在本章，我希望将保罗的讲道置于一个更广的处境中，借此论证他的教牧性和推理性讲道其实融于一个更大的叙述

---

[5] 例如 J. Randall Nichols, *The Restoring Word: Preaching as Pastoral Communication* (San Francisco: Harper & Row, 1987). 另见 Preaching About (Westminster/John Knox)系列出版的书目：David H. C. Read, *Preaching about the Needs of Real People* (1988); William H. Willimon, *Preaching about Conlifct in the Local Church* (1987); Elizabeth Achtemeier, *Preaching about Family Relationship* (1987).

中。事实上，保罗书信是一个对话的延续。**这个更大的叙述包含了保罗自己的故事，他听众的故事，以及保罗向会众所传递的故事。**[6] 保罗的推理性讲道并不是他交流的唯一范畴，而是他早期福音性讲道的必要延续。如果我们深入研究书信就会发现一种讲道事奉，它从福音性和叙述性讲道进展至推理性讲道。每一封书信，都像一张静态照片，描绘了时间中静止的一刻。对于训练有素的观察者来说，它们意味着一个故事。我们在看家庭相册中的照片时，会回忆照片背后的故事。同样，当我们在读保罗信件时，就开始思考那些交集着不同故事的更大的叙述。保罗信件的背后，是有关他福音性讲道的故事、他的听众对这信息最初反应的故事，和那个以保罗与他的教会沟通为高潮的后续故事。

保罗书信的叙述并不限于过去事件；相反，它投设出一个朝未来发展的故事。保罗期望他的故事会继续与会众的故事相互交集。他借信件来为使者的到访（罗十六 1-2；林前十六 8-10；腓二 19-30），或是自己与会众的重聚（门 22）做好了准备。有时候，他写信是为了处理误会，并为他与教会之间的持续关系做好准备。与此同时，他的会众是生活在

---

[6] 见 Ben Witherington, *Paul's Narrative Thought World: The Tapestry of Tragedy and Triumph* (Louisville, Ky.: Westminster John Knox, 1994); Norman Petersen, *Rediscovering Paul: Philemon and the Sociology of Paul's Narrative World* (Philadelphia: Fortress, 1985), 43-53. 参 Richard B. Hays, *The Faith of Jesus Christ*, SBLDS 56 (Chico, Calif.: Scholars Press, 1983), 20-23. 参 Richard Hays, ΠΙΣΤΙΣ and Pauline Christology," in E. Elizabeth Johnson and David M. Hay, eds., *Pauline Theology* (Atlanta: Scholars Press, 1997), 4.37.

新生命与在基督里的最终命运之间——"在复活和基督再来之间"。[7] 由于这个故事尚未完结,所以保罗借着书信帮助他的听众迈向他们的终极目标。

如果我们仔细阅读保罗书信,便会更多了解到故事之间的交集,并能从中发现保罗为讲道事工留下的模范。这个事工由福音性见证发展至教牧性关怀。**我深信,我们在讲道中避开以保罗为讲道题材来源的原因,是我们没有看到他书信背后的叙述。**本章的任务就是观察发生简要描述之前的故事。我的焦点是保罗在进行文学写作以前的实际讲道事工。我认为在这位前基督教时代的讲道者身上,有许多可以让后基督教时代基督徒学习的地方。

福音性讲道:保罗及其归信的故事

有时候,保罗在信件中的教牧工作需要他讲述自己的故事,因为惟有这样,他才能解释最终促使他做牧养教会工作的因由(见 林前九 1-23;加一 10-二 21;腓三 2-16)。保罗故事的中心是他与复活的主相遇,主呼召并授权他去事奉。这个事件不亚于先知式的呼召,而保罗亦毫不犹豫地将他的呼召与旧约先知的呼召相提并论(见 加一 15;耶一 5;参 赛四九 1,6)。正如先知被呼召并被差遣代表神讲话,基督呼召保罗"在外邦人中传扬祂"(加一 16);又如耶利米无法抵挡呼召,被驱使去宣讲神的话语(耶二十 7-8),保

---

[7] Witherington, *Paul's Narrative Thought World*, 340.

罗也说，"如果不传福音，我就有祸了！"（林前九 16）因此，他知道自己是伏在神圣的必然（ἀνάγκη，林前九 16）下去讲道。[8] 他并不是他自己的主人，而是一个被带到街上列在凯旋游行队伍中的俘虏（林后二 14）。[9] 保罗讲道的起因，

---

[8] Ἀνάγκη 意思是"恩典的能力"，就是神使人成为他事工的器具的定命。我们可以比较旧约中驱动先知活动的"神圣的必然"。摩西、阿摩司和耶利米都是被神圣的必然所驱使。见出三 11-12；四 10 及下文；摩三 8；耶一 5-6；二十 9；结三 17-18；拿一 2 及下文。W. Schrage, *Der erste Brief an die Korinther*, EKK (Neukirchen: Benziger, 1995), 323-24. 参 K. O. Sandnes, *Paul–One of the Prophets? A Contribution to the Apostle's Self-Understanding*, WUNT 2/43 (Tübingen: J. C. B. Mohr, 1991), 125-29. 另见 Seyon Kim, *The Origin of Paul's Gospel* (Grand Rapids: Eerdmans, 1981), 289-290; Carey C. Newman, *Paul's Glory Christology: Tradition and Rhetoric*, SNTSMS 69 (Leiden: E. J. Brill, 1992), 165-67.

[9] 有关保罗是游行队伍中神的俘虏的观点，见 Gerhard Barth, "Die Eignung des Verkündigers in 2 Kor 2,14-3,6," in *Kirche*, Fs. G. bornkamm, ed. D. Lührmann and G. Strecker (Tübingen: J. C. B. Mohr, 1980), 261. 反对者视保罗的受苦为一个记号，表示他并非是一个使徒。保罗宣传自己有份于这一得胜的游行队伍。参 Scott Hafemann, *Suffering and Ministry in the Spirit, an Exegetical Study of II Cor. 2:14-3:3 within the Context of the Corinthian Correspondence*, WUNT 2.19 (Tübingen: J. C. B. Mohr, 1986), 25. Hafemann 将保罗在林后二 14 的自我描述，与古代有关胜利游行的文本对比。Plutarch 记述了，作为死刑的前奏，战败方的君王、他的家人、朋友、侍从会在街上被带过，象征着胜利。即便是孩子，也被当作"奴隶"被带着，毫无察觉在游行尽头等待他们的命运。参 Plutarch, *Rom*. xxv.4-xxxiv. 另参 Plutarch, *Vit. Ant*. xxvi: "克利欧佩特拉（Cleopatra）向马可·安东尼（Mark Anthony）的亡魂哭诉，'如果罗马诸神有留下能力或怜悯……请不要让我在活生生的得胜中受苦，直到遭受你的羞辱'。"另见

是来自神说话的这个事件。神说,"要有光从黑暗里照出来"并"照在我们的心里,要我们把神的荣光照出去,就是使人可以认识那在基督脸上的荣光。"(林后四6)保罗因他的使命被自己的犹太同胞拒绝。在解释这个使命的语境中,他引用《以赛亚书》二十八16,说:"凡求告主名的,就必得救。"(罗十13)然后,他补充:"然而,人还没有信祂,怎能求告祂呢?没有听见祂,怎能信祂呢?没有人传扬,怎能听见呢?"(罗十14-15)保罗的回应是一个宣告:"可见信心是从所听的道来的,所听的道是借着基督的话来的。"(罗十17)他知道,人惟有透过听道才能够进入救恩,而传道的人必须是蒙神差遣的(罗十15)。保罗是神为了特别的目的而差派的传道人。正如保罗在之后写给罗马教会的书信中指出,他的使命是为列国作神的祭司性仆人(λειτουργός),"去从未听过基督之名的地方传福音"。(罗十五20)当保罗补充说自己已经往地中海东部传道时(罗十五19),就是暗指自己的故事。当他描述自己的计划时(罗十五25-29),他就是将自己的故事投向未来。如果没有改变他生命的事件,那么保罗的故事和与他相关之教会的故事,彼此就无交集。

借着保罗描述那些因呼召而不断发展的活动,我们便能更多理解他的故事。在《哥林多后书》,保罗将自己的讲道与其他声称是神仆人之人的讲道对比,以此回应那些对他讲道事工的攻击。相比那些像诡辩学者一样,为利而谬讲信息的人(参 林后二17),保罗生动地将自己作为牧者持续宣讲

Francis Young and David F. Ford, *Meaning and Truth in 2 Corinthians* (Grand Rapids: Eerdmans, 1987), 19.

的工作形容为拒绝"掺混神的道"(林后四2)。[10] 他重申自己的信息内容:"我们并不是传扬自己,而是传扬耶稣基督是主"(林后四5),以此回应那些指责他是一个无能讲道者的攻击。若有人拒绝他所传的福音,那么错并不在讲道者身上,而是"这些不信的人被这世代的神弄瞎了他们的心眼,使他们看不见基督荣耀的福音的光;基督就是神的形象"(林后四4)。任何对信息的修改都是"和我们以前传给你们的福音不同"(加一8;参林后十一4,"另一个不同的福音")。我们必须不惜一切代价保留"福音的真理"(加二5,14),而任何违反它的人都要受到谴责。因此,保罗的讲道并不受市场需求的影响,他自己亦不会被表面上的失败所威慑,也不会被讲道可能产生的结果所操纵。当他宣讲"神在基督里使世人与祂自己和好"(林后五19)的信息时,他是以神使者的身份、代表基督讲话。所以,保罗所继续开展的工作,就是那个改变他一生的先知性呼召所带来的结果。

保罗通常用"福音"(εὐαγγέλιον)和动词"宣讲福音"(ευαγγελίζομαι)及"讲道"(κηρύσσω)指称他的宣讲。[11] 在许多情况下,保罗把他的讲道内容称为εὐαγγέλιον,这可以作为以上两个动词其中任何一个的宾语(林前十五1;林后十

---

[10] 保罗在《哥林多后书》二17中所使用的καπηλεύοντες,是诡辩派学者哲学传统中的常用词。这些诡辩者将自己的教导作为商品出售。参 Plato, *Protag.* 314c, d. 见 Gerhard Barth, "Eignung," 263.
[11] 希腊文 κήρυγμα 在保罗文学中只出现于《罗马书》十六25,《哥林多前书》一21,二4,十五14,《提摩太后书》四17和《提多书》一3。在新约其他地方,该词只出现于《马太福音》十二41和《路加福音》十一32。

一7；加一11；二2；西一23；帖前二9）。在另一些情况下，动词 ευαγγελίζομαι 不需要宾语（林前一17；九16, 18；林后十16；加一8-9；四13），因为这个动词本身就包含了宾语。这种用词方法仿效了早期基督徒对《以赛亚书》四十至五十五章的反思。特别在《以赛亚书》五十二7，先知宣告："那传福音、宣布平安、传美好的福音、宣布救恩，又对锡安说'你的神作王了'的，他的脚踪在山上多么的美！"所以，保罗所传的福音是传扬先知所宣告的神救赎的事件。

从保罗经常提及他讲道的这件事上可见，福音性讲道在他事工中处于核心地位。然而，他频繁提及福音性讲道，让读者刚开始不太确定他福音宣讲的确切内容。[12] 表述的多样性表明福音不能被简化为单一、固定的公式，但我们却又可以看见一个共同的**叙述**，据此，《以赛亚书》五十二章中所期待的好消息就是耶稣的故事。无论保罗讲道的主题是**耶稣基督**还是**福音**，实际上他都是在叙述神在耶稣基督里的行动，是犹太叙事世界里的一部分。[13] 他在信件中对耶稣的提及只是作为小故事，它们反映了他对基本圣经故事的转化。[14]

保罗经常对"福音"（εὐαγγέλιον）所作的总结表明了他所传福音的叙述特性。在《罗马书》起始语，他总结"福音

---

[12] 见 R. H. Mounce, "Preaching, Kerygma," in *A Dictionary of Paul and His Letters*, ed. Gerald Hawthorne, R. P. Martin, and Daniel Reid (Downers Grove: InterVarsity, 1993).

[13] N. T. Wright, *The New Testament and the People of God* (Minneapolis: Fortress, 1992), 407.

[14] 布特曼（Bultmann）认为，保罗并非关注 κατὰ σάρκα 的基督（林后五16）。与此相反，保罗的故事正是包括了有关耶稣的叙述。

就是论到祂的儿子我们的主耶稣基督:按肉身说,祂是从大卫的后裔生的;按圣洁的灵说,因为从死人中复活,显明祂是大有能力的、神的儿子"(罗一 3-4),以此来阐述他的信息。那些贯穿书信的论点,都是指向这一基本叙述。他在《罗马书》中宣告:"现在,有律法和先知的话可以证明:神的义在律法之外已经显明出来。"(罗三 21)这令人回想起基督的事件。他简单的一句"为我们的过犯被交去处死,为我们的称义而复活"(罗四 25),也表明了福音的叙述性质。藉着气势恢宏的宣告,"唯有基督在我们还作罪人的时候为我们死,神对我们的爱就在此显明了"(罗五 8),他再次将福音总结为一个叙述。在他对刚强和软弱基督徒的教导中,他回想起"基督也不求自己的喜悦"(罗十五 3)。保罗的论点依赖于那个改变他一生的叙述——那个与他自己的人生故事互相交织的故事。

保罗假定了他的读者是熟悉这个故事的。确实,他书信中一个为人熟悉的主题就是对他福音性讲道的回想。他提醒加拉太教会自己"第一次传福音"给他们时的情境(加四 13)。在《哥林多前书》,当保罗说"我们传扬钉十字架的基督"(林前一 23)时,他正回忆起自己最初的的讲道事工,并在二 1-5 补充:

> 弟兄们,我从前到你们那里去,并没有用高言大智向你们传讲神的奥秘。因为我曾立定主意,在你们中间什么都不想知道,只知道耶稣基督和他钉十字架的事。我在你们那里

> 的时候，又软弱又惧怕，而且战战兢兢；我说的话、讲的道，都不是用智慧的话去说服人，而是用圣灵和能力来证明，使你们的信不是凭着人的智慧，而是凭着神的能力。

在三6和三10中，保罗用"我栽种了"和"立好了根基"，以及随后的"是我在基督耶稣里借着福音生了你们"（林前四15；参门10），再次提及早前的讲道活动。之后，他借着提醒教会自己先前的讲道，开始讨论复活："弟兄们，我要把我从前传给你们的福音向你们讲明。这福音你们已经领受了，并且靠着它站立得稳。"（林前十五1）他随后的论点也是建立在先前的福音宣讲（kerygma）的基础上："就是基督照着圣经所记的，为我们的罪死了，又埋葬了，又照着圣经所记的，第三天复活了。"（林前十五3–4）

保罗不断提醒教会有关他曾经宣讲的内容。在其中，我们得窥他的福音性讲道。这种讲道讲述的是那个与他自己的故事互相交织的故事。虽然保罗是向犹太人和异教徒宣讲，但这些书信是写给外邦教会，所以书信里回想的都是有关他曾向异教徒宣讲的叙述。纵然保罗的福音性讲道的细节，可能在不同的处境中略有不同，但是从这些书信的记载来看，保罗对异教徒福音性讲道都会包含以下的情节：

> 创天造地的神为世界制定了一个计划。
> 自古以来，神就计划了要用一个好消息来祝福这个世界，而现在这个时刻已经来临。
> 神差派祂的耶稣拯救世界，完成祂的计划。

> 为要救赎人类，耶稣死在十字架上。
> 神将耶稣从死里复活，征服了死亡和一切执政的、掌权的。
> 这位创造主呼召你去相信祂的救赎行动，并且转向祂。
> 基于神在这些事件中所做的，我们知道这个世界有一个终点。因此，你不需要在无望或绝望里生活，因为创造世界的神将会终结这个世界。当我们等待神差祂的儿子从天降临时，我们就有一个未来！（帖前一10）

我对保罗福音性讲道的解读，与陶德（C. H. Dodd）对保罗的福音宣讲（kerygma）的描述差别不大。[15] 我认为，在许多情况下，保罗采取的都是标准的福音性讲道，但按情况的需要，他会详细阐述故事的细节和含义。毫无疑问，当他向犹太听众讲道时，他便会引用经文来阐述自己的观点。然而，无论他的听众是犹太人或是外邦人，保罗的福音性讲道都在讲述一个故事，一个有关世界的真实故事。这个故事告诉听众，最近发生的那件事如何改变了世界的走向和他们的生活。[16] 保罗邀请他的听众接受这个由一系列事件所定义的现实，并

---

[15] 另参 Richard Hays, "Crucified with Christ," in *Pauline Theology*, ed. Jouette Bassler (Minneapolis: Fortress, 1991), 1.234; Dodd, *Apostolic Preaching*, 17. 另见 John M. G. Barclay, "Conflict in Thessalonica," *CBQ* 55 (1993): 516-17.

[16] 见 N. T. Wright, *What Saint Paul Really Said* (Grand Rapids: Eerdmans, 1997), 89.

且进入这个尚未完成的历史中。[17] 保罗对自己讲道的回忆，基本上与路加在《使徒行传》中所描述的保罗讲道是一致的。他们所描述的讲道，都是先讲述神的作为，然后邀请听众对信息作出回应。[18]

保罗假定自己的异教徒听众在听到福音之前，都有他们自己的故事，尽管他很少详细描述这方面内容。虽然《使徒行传》描绘保罗在雅典讲话时，谨慎地根据听众的需要调整自己的信息，甚至采用该地斯多亚主义一类的文化（徒十七

---

[17] 同上, 90.

[18] 当注释《使徒行传》十三 16-41 中保罗在彼西底的安提阿的讲道时，劳伦斯·威尔斯（Lawrence Wills）证实，这里的"劝勉的话"（徒十三 15）是一次讲道。这次讲道"表现了明确的三层模型；这种模型常见于许多早起基督教和希腊著作"。这篇讲道在第一部分重述了救赎历史（十三 16-37），这提供了一个权威例证，成为第二部分结论的基础（十三 38"所以弟兄们，你们当知道：赦罪的道是由这人传给你们的。"）。第三部分以劝勉总结（十三 40-41），带有"明显的鼓励性语气"。保罗对他读者的挑战（"所以，你们要小心，免得先知书上所说的临到你们"）就是呼召他们做出抉择。

保罗在亚略巴古的讲道也包含了这种三层安排，从神学论述（包含引用古代权威著作）形式的例证（十七 22-28）发展至结论（29 节"既然我们是神所生的"），随后便是悔改的劝勉。跟先前的讲道一样，路加在这里呈现了一个基督教的讲道，它由传扬基督和呼召以信心与悔改回应组成（Lawrence Wills, "The Form of the Sermon in Hellenistic Judaism and Early Christianity," *HTR* 77 [1984]: 278-80）。布拉克（C. Clifton Black）认为，威尔斯发现的这种论述模型与希腊审议式修辞（deliberative rhetoric）传统一致。犹太会堂修改后采用了这种修辞（"The Rhetorical Form of the Hellenistic Jewish and Early Christian Sermon: A Response to Lawrence Wills," *HTR* 81 [1988]: 1-18）。

22－23），但这些信件并没有说明保罗的福音性讲道容许听众来制定议事日程。从他的角度来看，听众的故事包含了绝望（帖前四13）、被偶像奴役（帖前一9；林前十二2；加四3，8）和欲望（帖前四5）。当他说"犹太人要求神迹，希腊人寻找智慧"（林前一22）时，是以他们的普遍追求承认属于他们故事的某个层面。保罗的福音性讲道对他听众的故事是一个挑战，因为他的福音性讲道最后总是要求听众离开他们旧有的生活，转向那个由耶稣故事所编写的新情节。就如《使徒行传》往往记录听众对保罗讲道的回应，保罗书信也描述了他那些要求别人决志的福音性讲道。在对哥林多教会说话时，保罗总结这些故事的交集："因此……我们这样传，你们也这样信了。"（林前十五11）他在《帖撒罗尼迦前书》如此忆述：听众"离弃偶像归向神"（一9－10）。听众听了并相信（罗十17）。他们"接受"了福音（林后十一4），并受了洗（林前十二13；加三27）。所以，保罗的福音性讲道一直都是在呼唤听众作出回应。

由于我们主要关心保罗跟那些在哥林多、帖撒罗尼迦和其他城市里、愿意接受他信息之人的关系，以致我们容易忽略一个事实，就是大部分的听众并非积极回应保罗的讲道。事实上，正如我在上文所提到的，保罗经常发现需要为自己的讲道辩护，反驳那些指责他讲道是无能的人。与《使徒行传》不同，这些信件甚少告诉我们有多少人愿意回应保罗的讲道。我们所知道的，更多是关于保罗讲道的明显失败。保罗以拒绝把福音当作商品（林后二17）和"掺混神的道"（林后四2），来证明他对所交托之事的忠信，哪怕他的忠信劳而无功。即使他知道自己的观众认为他的故事是"愚笨的",但他仍然传扬"钉十字架的基督"(林前一 22-23),直接挑战这种另类观看现实的方式。他所宣告的,既不是要解答人们所提出的问题,也不是要尝试用基督教回应人们自身的追求。他知道,当宣告神在十字架和复活事件中的作为时,这是在挑战一个文化的错误观念,而且他知道自己的听众会认为这个信息是可耻的(林前一 18-25;加五 11)。保罗给听众一个明确的选择,一个他们可以拒绝的信息!我们很容易就忘记,他们大多数人确实是拒绝了。要挑战世界的现实观,以及呼唤听众将他们自己的故事与那个大故事契合,并不是一件一蹴而就的事。

保罗并不承担讲道结果的责任;神呼召他要忠诚,而不是要成功。当保罗的讲道被拒绝的时候,他知道既不是信息错误,也不是信息传讲者有错,而是非信徒的心眼盲目(林后四 4)。当讲道有积极的结果时,他知道这是神的大能,而不是他自己的讲道所产生的果效。福音是"神拯救的大能"(罗一 16)。与演说家不同,他的讲道"不是用智慧的话去说服人,而是用圣灵和能力来证明"(林前二 4)。神的能力与讲道同在,唤醒听众里面的信心。所以,保罗不是一个依靠自己聪明和讲道技巧或受观众操纵,或为了获得最大成果而改编信息的传道者。他的任务是让观众听到一个他们不愿听的信息,然后将结果交给神。

保罗在异教文化中的福音性讲道，为面对新异教文化的我们，提供了一个重要的讲道模式。[19] 首先，他提醒我们，传福音不是基于市场分析或吸引新消费者的想法。它并不需要讲道者重新确定主流的文化价值。其次，他提醒我们，传福音需要明确肯定那个将扰乱我们文化多元性的信息。宣告神在耶稣基督里所作的和祂对我们生活的要求，是对我们时代最高价值的一个挑战。这种传福音的模式，挑战了这个没有典型叙述的文化，清晰说明听众可能拒绝或接受福音。最后，保罗提醒我们传福音的风险。我们不能预先制定结果。倘若保罗并不相信神在传道活动中的工作，他的福音性讲道就只是一场徒然的行动。

福音性讲道：保罗及帖撒罗尼迦教会

尽管《帖撒罗尼迦前后书》是为了领人悔改而写，在定性上属于教牧性交通，但是它们对福音性宣讲与教牧性交通有很深的洞见。《帖撒罗尼迦前书》很可能是保罗的第一封书信，它清楚指出了保罗的福音性与教牧性讲道之间的关系。与其他保罗书信一样，保罗在《帖撒罗尼迦前书》中，以信仰群体对他过往宣教布道的记忆为基础，从而建构对适当行为的教导。在开篇的感恩里，他先为读者的现况——他们的"信心的工作，爱心的劳苦和因盼望……而有的坚忍"（一2-3）——献上感谢。如保罗在一4到二12中所说，这些现

---

[19] N. T. Wright, *What Saint Paul Really Said*, 94.

况源于过去产生这个信仰群体的事件。他提醒他们,他们"是蒙拣选的"(一4),是因为"福音传到你们那里,不单是借着言语,也是借着权能,借着圣灵和充足的信心"(一5)。与其他保罗书信(见林前一18-24;加四13;参门10)一样,保罗在此回忆了他最初的宣讲,为他将要传讲的信息奠定了基础。在回忆福音如何"传到"他们(一5)、他们"效法"的对象(一6)和保罗"为人怎样"(一5)时,[20] 保罗描述了他的宣讲和他们的回应。一5到二12的整段经文描述了保罗最初来到帖撒罗尼迦的情形(εἴσοδος,一9;二1),以此作为他首次向帖撒罗尼迦教会传道的情形。

保罗将他的信息描述为"福音"(一5;二4, 9)、"道"(一6)、"主的道"(一8),"听见的道"(二13,作者译)和"神的道"(二13),并将此与人的道比对(见一5;二5, 13)。他称自己的讲道为"道",这尤为引人注目,因为他用同样的字描述旧约圣经的书面文字。[21] 与那些为了"讨人欢心"的流行演说家和哲学家不同,保罗讲的是神的话语(二13)。后来保罗在捍卫自己的事工时,也用过类似的说法:"神借着我们劝告世人。"(林后 5:20)尽管保罗从未像在其他书信中那样,在《帖撒罗尼迦前后书》中明确概括福音的内容(林前一18-25;十五3;林后四4),但是保罗一直诉诸帖撒罗尼迦信徒十分熟悉信条论述,这表明这个信仰群体所听的宣教布道信息,与在其他教会中所传讲的

---

[20] 在每个例子中,γίνομαι 都以过去时出现,聚焦于过去的时刻。
[21] K. Runia, "What Is Preaching According to the New Testament?" *Tyndale Bulletin* 29 (1978): 23.

是一样的。在四 14，当保罗说"我们若信耶稣死了，又复活了，照样，也应该相信那些靠着耶稣已经睡了的人，神必定把他们和耶稣一同带来"，他诉诸读者自己对死亡和复活的认识。在五 10，当他勉励这个信仰群体时，他回忆了"基督替我们死"的信仰宣言。学者们指出，一 9-10 对信仰群体悔改信主的回忆，也包含了能令人回想起保罗最初讲道的信仰宣告。[22] 读者"等候祂的儿子从天降临。这就是神使他从死人中复活，救我们脱离将来的忿怒的那位耶稣"（一 10）。因此，依照《帖撒罗尼迦前书》来看，神的的话语是宣教布道，其中包含了有关耶稣基督里救赎事件的基本基督论宣告。讲道就是代表神说话。按我们从《帖撒罗尼迦前书》所了解的，宣教布道的内容跟路加在《使徒行传》中对保罗向帖撒罗尼迦教会的讲道所做的总结一样："根据圣经与他们辩论，讲解证明基督必须受害，从死人中复活。"（徒十七 2-3）

当保罗回忆自己的讲道是神的话时，他是将自己的讲道置于一个正当的视角之中，并邀请他的听众辨认讲道与所有其他形式的演讲的区别。信仰群体需要知道，讲道是一个信托，讲道者的任务就是作为神信息的受托者（帖前二 4-5）。保罗提醒别人他自己的讲道是一个信托，这其实是在指导会

---

[22] 有关《帖撒罗尼迦前书》一 9-10 重述了保罗最初宣讲布道的观点，见 J. Munck, "1 Thess. 1.9-10 and the Missionary Preaching of Paul," *NTS* 9(1963): 95-110. 关于保罗神学中的信仰宣告，见 Vernon H. Neufeld, *The Earliest Christian Confessions* (Grand Rapids: Eerdmans, 1963), 42-51.

众应该如何听道，以及教导他们对其他讲道者的期待。讲道者的任务是要带领会众会遇神在圣经上所写的话。

与其他书信一样，宣讲在《帖撒罗尼迦前书》中不仅是宣告神的救赎行为，也是呼召听众作出回应。帖撒罗尼迦信徒"带着圣灵的喜乐接受了真道"（一6）。根据二13，他们"接受了听见的道"（作者译），因而接受了"神的道"。[23] 他们"离弃偶像归向神，要服事这位又真又活的神"（一9），并相信耶稣死了，又从死里复活了（见四14）。因此，所传讲的福音不单关于耶稣基督救赎意义的信息，也不只是向人提供救恩。[24] 讲道包含了呼召听众接受救恩、相信、悔改，并加入成为神的子民。

保罗对自己最初的讲道和信仰群体之回应的回忆，是他教牧性讲道的基础。教会是由一群为了回应神的主动性，而坚定地以忠信的方式而生活的人所组成的。保罗的讲道就是要再次唤起这份委身。乍看之下，如此理解讲道事工在基督教文化中似乎是一个不可行的模型。因为在基督教文化中，成为教会成员与信仰群体对于重大决志的记忆毫无关联。在美国和欧洲社会，成为教会的成员只是一个由上一代遗传下来的公民生活的一部分。在这种情况下，教会通常是由一群没有共同规范信念（normative beliefs）、共同委身或共同记

---

[23] 关于 δέχομαι 是描述接受福音的专有词汇，参《路加福音》八13；《使徒行传》八14，十一1，十七11；《雅各书》一21；参 G. Petzke, δέχομαι, *EDNT*, 1.293.

[24] O. Hofius, "Wort Gottes und Glaube bei Paulus," *Paulusstudien*, WUNT 51 (Tübingen: J. C. B. Mohr, 1989), 170.

忆的个体所组成。[25] 如果没有人持续提醒教会的共同信仰和委身，教会永远不能成为一个真正的群体。

保罗坚称，福音的到来"不单是借着言语，也是借着权能，借着圣灵"。这令人回想起他在其他书信中也有类似的确信。根据《哥林多前书》二4，他说的话、讲的道，"都不是用智慧的话去说服人，而是用圣灵和能力来证明"。在《罗马书》一16，他说福音是"神拯救的大能"。保罗透过宣告讲道的信息带有权能，指出了讲道与那些演说家或出名的哲学家所讲的属人的话语之间，有着巨大的差距。讲道不是人的话语，而回应也不是人的回应。基督教讲道的不同之处就在于，神的大能与人的软弱同在。因为讲道的内容是神的话语，所以它伴随着神的能力，这在帖撒罗尼迦教会的简短历史中明显可见，正如一6-10所说的。当这个新的群体第一次听到福音时，他们克服了当时的大患难（一6），并很快成为马其顿和亚该亚信徒的榜样。话语（λόγος）的力量不仅出现在保罗的讲道中，还出现在它"响遍"（一8）马其顿和亚哈亚的过程中："因为主的道不单从你们那里响遍了马其顿和亚该亚，也响遍了各处。"在一8的平行短语中，他说，"你的信心传开了"。透过"响遍"一词中的音乐隐喻，保罗描绘了主话语的能力。[26] 这种能力最终在其他人的评论中得以说明。这些人离弃偶像，归向并服事又真又活的神

---

[25] 见 Richard Osmer, *A Teachable Spirit* (Louisville, Ky.: Westminster/John Knox, 1990), 31.

[26] 见 John Beaudean, *Paul's Theology of Preaching*, NABPR Dissertation Series 6 (Macon, Ga.: Mercer Univ. Press, 1988), 42.

（一9-10）。神的道不单充满信息和具有挑战性，更能改变听众的生命并创造一个信仰群体。

这份力量仍然在听众中间运行。在二13，保罗提到"神的道，这道也运行在你们信的人里面"。因此，神的道不仅是起初的信息，也是那运行在群体里面的力量。[27] 所以，当保罗在信的开首为会众"信心的工作，爱心的劳苦和因盼望……而有的坚忍"（一3）献上感谢时，他是回想起，他们进步的根源是基督教宣讲的持久力量。

针对新归信者的教牧性讲道

在描述自己即将去帖撒罗尼迦信徒那里（一9；二1）时，保罗再次回想他们对信息的回应（一6-10）和自己的讲道活动（二1-13）。他先谈及他们对福音的回应（一6-10），然后在二1-13描述他自己的宣教布道。由于保罗容易被视为当时流行的哲学家，所以保罗在这部分章节的目的，是要显明两者间的不同，并且为他在第四和第五章的教导奠定基础。虽然如此，在这些章节中，他也为我们理解他的讲道事工提供了重要见解。我们可以假设，保罗的事工有充足的时间让他参与这个群体的教牧事工。的确，保罗提到他"昼夜作工"（二9）的体力劳动时，预设他延长了待在那里的时间。此外，《帖撒罗尼迦前书》多次提及这个信仰群体已知的事情（见

---

[27] 请注意《哥林多前书》十二6，十一2；《哥林多后书》一6，四12；《加拉太书》二8，三5；《腓立比书》二13中的ἐνεργέω。

二1，2，5，9；三3；四1-2），这也暗示了保罗在帖撒罗尼迦教会中，延长了教牧事工。

借着重述帖撒罗尼迦教会已知之事（二1），保罗回忆了他的讲道事工。尽管保罗在腓立比遭受凌辱，但因着他"在强烈的反对之下，仍然放胆述说神的福音"（二2），他的品格由此被肯定。在他重述自己与会众的来往时，我们得知保罗并不完全区分自己的讲道事工和随后的教导。他在二2提及自己"在强烈的反对之下，仍然放胆述说神的福音"，这是引领了下文二3-12。在这段经文中，他阐述了自己的理念，借此提醒会众自己作为传讲者的诚实品格，也为他在下文的劝勉奠定了基础。当他从第2节宣告"神的福音"过渡到"我们的劝勉不是出于迷惑"（二3）时，他显明了自己宣讲福音（二2）和对会众的劝勉之间有着本质的关联。劝勉安慰（paraklesis）常被翻译为"呼吁"（appeal）。保罗常用该词总结自己的话语事工。保罗宣讲"神的"话语与对会众的劝勉不可分割。我们不能将福音性讲道和对信徒群体的讲道互相区分，显得像是保罗有两个分离的群体。儒尼亚（K. Runia）准确地指出："救赎的信息不仅仅是要被'宣布'的，其意义也要被展开和阐明。在这个意义上，'教导'和'讲道'是一体的，借此'教导'是'讲道'的必然后果和跟进。"[28] 福音的宣讲涉及"呼吁"听众作出回应，而对信徒群体的讲道则包括重申福音！

---

[28] Runia, "What Is Preaching According to the New Testament?" 15.

这个术语让我们回想起保罗在《哥林多后书》五 19-20 对自己讲道事工的反思。当保罗在五 19 宣告救赎事件之后，他说："因此，我们就是基督的使者，神借着我们劝告世人。我们代替基督请求你们：跟神和好吧！"故此，保罗的宣讲既是宣告，也是呼召。这个呼召不单是邀请人在悔改的那一刻接受福音。正如保罗在《哥林多后书》所说的，他的宣讲是持续地呼唤人来遵守福音的要求。所以，整个福音的宣讲可以简称为"劝勉安慰"（paraklesis）；这个词最为全面地概括了保罗书信中所有关于公开宣讲的话语。[29] 这个词与动词 παρακαλέω 有关，后者是保罗在提出礼貌性请求时最常用的动词。它的字根有安慰（林后一 3-7；七 6 下半节、7，12-13）、恳求、挑战和鼓励的含义。[30] 尽管在不同情况下，其着重点可能略有不同，但这些意思彼此之间不能明显区分。因此，保罗的讲道包括了宣告好消息和挑战接受者将这个好消息融入他们的生活中。所以，"劝勉安慰"用来形容保罗讲道事工十分恰当；它指出，讲道不仅包括宣告好消息，还是按着福音的好消息对群体的呼召。

---

[29] Stanley Marrow, *Speaking the Word Fearlessly: Boldness in the New Testament* (New York: Paulist, 1982), 6. Cf. J. Thomas, Παρακαλέω, *EDNT*, 3.23："仅仅基于数据统计，παρακαλές/παράκλησις 是新约中与说话和影响力有关的最为重要的词汇之一。"见 Christian Möller, *Seelsorglich Predigen*, 2d ed. (Göttingen: Vandenhoeck & Ruprecht, 1990), 72-73.

[30] Anton Grabner-Haider, *Paraklese und Eschatologie bei Paulus* (Münster: Aschendorff, 1985), 7.

这一整段章节清楚显明了劝勉安慰（paraklesis）的本质及其与宣教布道的关系。保罗以"受了福音的委托"（帖前二4）自居，避开当时流行哲学家的谀词和贪婪的特性（二3-8）。他不仅传达福音，更摆上自己的性命（二8）。他也没有成为信徒群体的负担，而是在"传……神的福音"的同时，用自己的双手工作（二9）。这种持续宣扬福音正是保罗对信徒群体的传讲。毫无疑问，在信徒聚会时，保罗继续福音性讲道。他并没有区分向信徒讲道和向非信徒讲道。他没有停止向他的会众传福音，而是向由信徒和非信徒组成的群体，继续宣告基督的好消息，并继续敦促他的听众接受福音信息。

保罗用"护士"和"父亲"来描述自己的工作（二7，11-12）。这种劝勉安慰（paraklesis）的本质在这两个图像中甚为明显。在后一个图像，他描述自己是一个父亲，"劝勉你们，鼓励你们，叮嘱你们，要你们行事为人，配得上那召你们进入祂的国和荣耀的神。"我们先来看保罗的父亲角色，这是他作为教会建立者时经常用以自称的角色。劝勉（παρακαλοῦντες）、鼓励（παραμυθύμενοι）和叮嘱（μαρτυρόμενοι）这三个分词都体现了保罗的父亲角色。保罗借着这三个分词，阐述了他在二3所描述的劝勉安慰（paraklesis）的讲道事工的性质。Παρακαλοῦντες，是二3中παράκλησις的动词形式，与παραμυθύμενοι同义（参腓二1）。这两个词都有"劝勉"和"鼓励"的含义。在《哥林多前书》十四3，这两个术语（以名词形式）都用以描述先知建立整个群体的任务。这两个词都意味着一个父亲以爱鼓励自己的孩子。而透过恳求（μαρτυρόμενοι，字面的意思是"见证"），保罗让信徒群体消除疑虑，同时说明他们持续回应尤为迫切。[31] 因此，劝勉安慰所包含的福音宣讲，与父亲对孩子的挑战、鼓励和见证有关。[32]

这三个分词表明了保罗讲道事工的本质。保罗是一个对孩子说话的父亲（参林前四 14-15）。这种父亲和孩子的形象化描述，说明他是对群体的讲道。作为父亲，保罗是这个群体的创立者，他不单关心他们最初的回应。他的讲道事工包括对群体形成的持续关注。这种父母性关怀不仅是对个人，而且是对因福音宣讲而形成的群体。

保罗讲道事工的内容也在这三个分词所要达至的目标中得以体现。保罗鼓励他的新群体要"行事为人，配得上那召你们进入祂的国和荣耀的神"（二 12）。在《腓立比书》一 27 中，保罗说道，"你们行事为人应当和基督的福音相配"。这表明，保罗所传的福音同样暗示和包含了基督徒生活的标准。[33] 因此，道德劝诫是保罗所传福音的一个重要组成元素。对保罗而言，信靠主包含了忠实的认罪和顺服的跟随。[34] 所以，福音本身是呼召那些愿意回应的人，行事要与福音信息相配。

---

[31] 同上，11。

[32] 同上，12。同见 Peter Stuhlmacher, ed., "The Pauline Gospel," in Stuhlmacher, ed., *The Gospel and the Gospels* (Grand Rapids: Eerdmans, 1991), 159.

[33] Grabner-Haider, *Paraklese und Eschatologie bei Paulus*, 12.

[34] 同上。

保罗委派在基督福音里同工的提摩太返回帖撒罗尼迦，为要"坚定和劝慰"（εἰς τὸ στηρίξαι καὶ παρακαλέσαι）教会。这件事见证了圣言事工的持续发展。提摩太的角色表明，保罗与别人分享了他的讲道事工，其劝勉的任务在别人的事工中得以继续。我们不能区分"讲道"事工与持续的劝勉事工，因为保罗的讲道正是在他与这个教会的互动中延续。在这里，"坚定"（στηρίξαι）作为"劝慰"（παρακαλέσαι）的同义词，为后者增添了一个特殊的细微差别。这一个平行结构令人想起保罗渴望到罗马教会，把一些属灵的恩赐分给他们，为要"坚定你们"（εἰς τὸ στηρίξαι），并"因着你们而得到安慰"（σνμπαρακληθῆναι ἐν ὑμῖν）；另外也令人想起《使徒行传》对保罗和西拉走遍加拉太地区的评价，说他们使"众教会信心越发坚固"。因此，在群体面对威胁时，劝勉安慰（paraklesis）就是要坚定信徒的信心。事实上，这种劝勉的本质，也体现于这一事实：提摩太的任务就是要在信仰上坚定他们，免得有人在各样的患难中动摇（帖前三3），并要提醒信仰群体保罗从前对在这个充满敌意的社会中的问题所作的教导。劝勉包括了预备信仰群体面对持续的挣扎。史坦利·马罗（Stanley Marrow）正确地评定讲道的本质：

> 要在我们日常生活中活出这个回应，并抵抗所有其他救赎方法的吸引和诱惑……就需要不断的恳求、劝勉、祈求和由圣言事工所带来的安慰，这即是保罗所描述的劝勉安慰（paraklesis）。这就是所有的教会必须要有

> 传道人、教师、教义教导者（catechists）和指导者的终极原因。无论这个群体如何兴旺和充满活力，他们的任务都不会终止。他们要呼召群众接受生命，一个"在基督耶稣里"的生命……他们要呼召信徒行事为人"应当和基督的福音相配"（腓一 27），而且他们从不会因将同样的福音传给非信徒而任务终结。[35]

此外，依据三 13，是神坚定了群体的心。在此，教导和讲道事工包括了，在面临外界敌意的情况下支持信仰群体，并提醒他们曾经的教导。

劝勉安慰（paraklesis）的本质，也表现在持续提及的"勉励"的任务中。保罗不但差派他的使者参与勉励群众的工作——如我将会在第四章所论述的——实际上，《帖撒罗尼迦前书》正是他牧养对话的延续。诚言，保罗在前三章对近期事件的回顾，是第四章和第五章的序幕。在后两章中，他继续"勉励"群众的任务，并提醒他们自己在帖撒罗尼迦时的教导。正如我在本章先前所说的，保罗四 1-2 说明了这封书信的目的："我们在主耶稣里求你们，劝你们，你们既然接受了我们的教训，知道应该怎样行事为人，并且怎样讨神喜悦，就要照你们现在所行的更进一步。我们凭着主耶稣传给你们的是什么命令，你们是知道的。"保罗用 παρακαλοῦμεν 及其同义词 ἐρωτῶμεν，进一步解释了自己过去

---

[35] Marrow, *Speaking the Word Fearlessly*, 8.

παράκλησις 的性质（二 12）。这些文字引入了随后的教导，并提醒教会在保罗教导他们要"过与神相配的生命"时所包含的特定教导（二 12）。"与神相配"的生活是对群体生活有具体的义务。所以，这封信是保罗初次到访时的事工的延续，就是接续他在二 12 提到的任务：鼓励和敦促。当这封信在聚会中被宣读时，它就提醒信仰群体已经从保罗那里所领受的教导。

从保罗对自己在帖撒罗尼迦教会的事工的描述中，我们可以得知，这封信对讲道与教导之间的连续性提出了有益的见解。最初的宣讲带来了信仰群体的形成和持续的劝勉事工。保罗将牧养的工作描述为基督教福音性讲道的必然结果。用莱因霍尔德·雷克（Reinhold Reck）的话来说，保罗"陷入了模棱两可的处境中"。他"被呼召去参与普世宣教，这促使他去发掘新的区域和地方，但同时他又被呼召去关心那些因他的宣讲而成立的教会。问题并不会在他第一次的宣讲中被解决；相反，这只是一个开始。"[36] 保罗的宣教工作同时包括了传福音和劝勉安慰（paraklesis），但他并不区分讲道事工的这两个层面。[37] 这项教牧的工作使信仰群体准备好迎接所盼望的，并必然地从最初的福音信息中成长起来。

宣教性和教牧性讲道之间的辩证式关系（dialectical relationship），正是当代对讲道理解中所缺失的层面。基督教的讲道者继续活在与保罗相同的模棱两可的处境中。讲道

---

[36] Reinhold Reck, *Kommunikation und Gemeindeaufbau*, SbB (Stuttgart: Katholisches Bibelwerk, 1991), 199.

[37] Grabner-Haider, *Paraklese und Eschatologie bei Paulus*, 4.

不是要宣讲我们自己的话，而是要为神说话，并相信神有能力激发人的回应。陶德（C. H. Dodd）对非基督教世界和信仰群体之间的分别，也许在他于1936年写《使徒的讲道及其发展》的时候是恰当的，但在我们当代后基督教社会中，它已经难以站得住脚。莱斯利·纽比金（Lesslie Newbigin）将后启蒙运动文化（post-Enlightenment culture）描述为一个"传教问题"。我们在这个问题中所面对的异教徒社会，"比起那个跨文化宣教所认识的前基督教异教主义（pre-Christian paganism），更加抗拒福音。"[38] 由于基督教会众"不单是借着洗礼，更是借着许多其他教师所建成的"，[39] 讲道者必须一直透过复述基督徒的故事，令人记起教会存在的基础。教牧性讲道的确是应该植根于基督死亡和复活的拯救事件。正如保罗继续向那些已经悔改者传福音，讲道者亦应继续向信仰群体重述基督徒的故事。这个群体由各式各样听众组成：那些不断被其他声音和重要事情所包围的人、慕道者、小孩、信徒、怀疑者和鄙视宗教的文人雅士。由于我们社会的多元化，讲道者不应假定会众已经全都悔改。正如保罗讲道事工所指出的，好消息不仅是对非基督徒世界宣讲；那个作为其存在基础的救赎事件必须时常向会众提起。听众总是由处于基督徒生命不同阶段的人所组成。对于一些人来说，有关神救赎行为的宣讲是一个他们还未思考过的消息；而对于其他

---

[38] Lesslie Newbigin, *Foolishness to the Greeks: The Gospel and Western Culture* (Grand Rapids: Eerdmans, 1986), 20.
[39] William Willimon, *Peculiar Speech* (Grand Rapids: Eerdmans, 1992), 75.

人来说，那是教会共同信仰的一个提醒。所以，在讲道事工中，我们不能把宣讲和勉励群体的话相隔离。因此，福音性讲道是每一位讲道者的任务。

保罗的事工提醒我们，教牧性的讲道总要建立在福音的基础上。对福音的回应并不局限于听众悔改之时最初的生命改变。当讲道者向群众讲述神在耶稣基督里的好消息，并呼召他们过"和神相配的生活"之时，这个回应会持续下去。

这种讲道模式在欧洲和北美的讲道传统中经常被忽略。不论是在着重听众最初回应的福音性讲道传统，还是在提供指引和安慰的讲道传统中，保罗的福音宣讲（kerygma）与劝勉安慰（paraklesis）之间的密切关联都被遗忘了。保罗结合福音性和教牧性讲道的模式，在我们现今的文化中，仍是一个有益的模式。

第三章 保罗讲道的模式

保罗:写信之人 / 保罗:演讲之人

保罗讲道的独特性

讲道,信仰群体与信仰的文法

作为神学与劝勉的讲道 / 保罗与当代讲道

在《娱乐至死》一书中，尼尔·波兹曼（Neil Postman）哀叹电视不断渗透现代社会的力量，以致影响了所有交流形式。[1] 教师必须重视，电视节目 Sesame Street 所导致的集中力短暂的问题。为了配合电影播放的连续性，夜间新闻必须用简洁的片段传递信息。因为电视时代所导致的集中力短暂，政治演说直接简化为简短引述，并取消了曾为民主进程一部分的战略对话。根据波兹曼的说法，电视娱乐也改变了基督徒的交流。许多礼拜仪式的改变，反映了教会为适应文化而重塑其交流方式的需要。

　　基督教传道人该在何种程度上适应自身文化中盛行的交流方式？阿摩斯·怀尔德（Amos Wilder）将基督教交流描述为一种"新兴表达"。[2] 他解释说，圣经避开了一些众所周知的交流形式，并创造了其他的方式。"整个以色列文献的纲要建立于独特的修辞之上，而这种修辞在亚里士多德和昆提利安（Quintilian）的教科书中是无迹可寻的"。[3] 我们或可从

---

[1] Neil Postman, *Amusing Ourselves to Death* (New York: Penguin Books, 1986).

[2] Amos Wilder, *The Language of the Gospel: Early Christian Rhetoric* (New York: Harper & Row, 1964), 13.

[3] 同上，15。

圣经的"新兴表达"中推测，基督教的交流不会完全融入任何文化中流行的交流方式。

一些保罗与他听众对话时的言论表明，他并未向自己时代中流行的交流模式妥协。他曾告诫哥林多人，"不用智慧的言语，免得基督的十字架落了空"（林前一17）。他的宣讲"不是用智慧委婉的言语"（林前二4）。根据《哥林多后书》十10-11，即使是保罗的反对者也会同意，他的宣讲并未达到那个时代的标准。然而，保罗的言论并非我们了解他讲道的唯一信息来源。不单从保罗的言论，我们还可以从书信本身了解更多保罗讲道的形式。这些书信有很多口语的特征。

亚里士多德提出，所有修辞都可划入**构思论述**（invention），**整合诉求**（arrangement），**修辞形式**（style），记忆内容（memory）以及表述传达（delivery）这几个范畴。[4] 在我们对保罗书信的分析中，正如我们只是通过书面文本了解所有演讲者一样，我们对保罗讲道模式的认知局限于构思论述，整合诉求和修辞形式。构思论述包括论证的本质，以及让论证有说服力的论据。[5] 整合诉求是用修辞的方式有效地把演讲

---

[4] Cicero, *Inv.* 1.7.9; *De or.* 1.31.142; *Her.* 1.2.3; Quintilian, *Inst.* 3.3.1.
[5] Heinrich Lausberg, *Handbook of Literary Rhetoric*, Eng. trans., ed. David E. Orton and R. Dean Anderson (Leiden: E. J. Brill, 1998), §260-442. 同见 Malcolm Heath, "Invention," in Stanley Porter, ed., *Handbook of Classical Rhetoric in the Hellenistic Period* (Leiden: E. J. Brill, 1997), 89-120. 同见 George Kennedy, *New Testament Interpretation through Rhetorical Criticism* (Chapel Hill, N. C.: Univ. of North Carolina Press, 1984), 14.

的内容整合为统一的结构。⁶ 修辞形式包括阐明及修饰作者的表述。⁷ 尽管这些分类主要是用于分析演讲,但它们同样为我们此处探讨保罗的讲道模式提供了分类。

我已在第二章里提到保罗式福音布道有的一贯模式。这种模式包括了宣告福音以及呼召听众回应。那些书信,从神学到劝勉,都有一个固定的模式。这也为我们了解保罗讲道与众不同的形式提供了至关重要的见解。尽管他的书信可以复杂如《罗马书》,也可家常如《腓利门书》来表达自己私人的挂虑,但若论及保罗与众不同的劝勉方式,都有许多共同点,就是亚里士多德所称作的**构思论述**,**整合诉求**和**修辞形式**。与大多交际者一样,保罗从变换的环境中摸索出一个基本模版。⁸ 正如研究书信的学生们所注意到的,这些共同特征在书信的开始和结尾尤为明显。保罗先自证身份,并确认他读者的身份。他随后便说"愿恩惠、平安从神我们的父并主耶稣基督归与你们"。《加拉太书》是个例外,这封书信随后是感恩。在书信的结论部分,保罗向大家问安并以祝福结束。

---

⁶ 见 Wilhelm Wuellner, "Greek Rhetoric and Pauline Argumentation," in *Early Christian Literature and the Classical Intellectual Tradition*, Fs. Robert Grant, ed. W. R. Schoedel and R. L. Wilken, TH 54 (Paris: Beauchesne, 1979), 51-87.

⁷ Galen O. Rowe, "Style," in Stanley Porter, ed., *Handbook of Classical Rhetoric*, 121-58.

⁸ 有关保罗书信模版的论述,见 William G. Doty, *Letters in Primitive Christianity* (Philadelphia: Fortress, 1973), 43.

尽管书信的正文从长度到主题都不尽相同，但所有保罗书信都有三个特征；书信研究专家认为，古代书信共有这些特征。保罗的书信为了建立"友谊"（philophronesis），借此表达自己与读者之间的友好关系。它们也为了表示"莅临"（parousia），作为作者与读者同在的延续。他们也有"教导"（homilia）的作用，延长作者与读者的对话。[9] 在这一对话中，读者也许会期许在所有保罗书信中找到许多共同特征。这些共同特征包括了感恩，自传式反思，旅行计划，圣经注释，以及常常由动词 παρακαλῶ 及其同义词引入的伦理教导。保罗将基督徒德行置于显著地位，如这希腊文动词所示，体现出他的信件极富说服力。所有保罗书信都有其与众不同的目的，就是教导读者日后的德行。当我们思考保罗与他教会的通信时，这一事实便格外有益。因此，这些书信是他先前事工的延续。在之前的服侍中，他"嘱咐"、"安慰"和"劝勉"（见 帖前二 11）他的读者活出与福音相称的生活。

保罗书信中的相同构成内容，向我们说明了许多保罗对信徒团体的讲道。然而，留给我们的问题是：保罗是否创造了新的交流形式，而这形式取决于基督徒的故事，抑或他采用了在他的时代盛行的交流方式？问题的答案对我们理解今日的讲道大有裨益。如我所述，如果保罗本身便是讲道的典

---

[9] 见 Heikki Koskenniemi, *Studien zur Idee und Phraseologie des griehischen Briefes bis 400 n. Chr.* (Helsinki: Akateeminen Kirjakaupa, 1956).

范,那么我们便能洞悉当今基督教讲道的模式及风格,以及基督教劝勉的本质。

保罗:写信之人

在本世纪的多数时间,学者们都聚焦于保罗书信与其时代书信之间的连贯性。阿道夫·德斯曼(Adolf Deissmann)研究了埃及的莎草纸信件(papyrus letters),并推断其与保罗书信惊人地相似,这也为阅读保罗文献提供了合适的背景信息。根据德斯曼的说法,"书信并非文学,而是两个彼此分隔之人的交流方式"。书信本质上为私密性和个人性,只为某位具体收信人而写。他将使徒书信与私人信件区别开来,认为使徒书信只是在形式上与私人信件相似。他表示,莎草纸信件以介绍作者与收信人身份和问候($\chi\alpha\acute{\iota}\rho\epsilon\iota\nu$)开始,以类似于保罗书信结尾的问候结束。这些信件有时以感恩开始,他们写信的目的可以用希腊文 $\pi\alpha\rho\alpha\kappa\alpha\lambda\tilde{\omega}$ 表达。他表示,保罗书信所呈现的交流模式与埃及普通百姓的莎草纸书信如出一辙。保罗与他的读者交流时,在莎草纸书信的基础上仅有些许改动。[10]

---

[10] Adolf Deissmann, *Light from the Ancient East* (1922; reprint, Grand Rapids: Eerdmans, 1965), 227.

尽管德斯曼的继承者继续将保罗书信与古埃及莎草纸信件对比[11]，但是经证实，莎草纸在解释保罗劝勉的模式上价值有限，因为保罗书信与莎草纸信件之间迥异。尽管莎草纸信件与保罗书信有相似之处，但莎草纸信件终究只能解释保罗书信的框架和一些变化的格式。莎草纸信件很难解释保罗书信的内容，因为前者很简短，并缺乏保罗书信中的大量对话。即使是现存保罗最短的书信《腓利门书》，以莎草纸信件的标准来看，都是过长的。[12] 此外，一些相似之处只是虚有其表。克劳斯·贝尔格（Klaus Berger）便指出，信件开始的格式，"恩惠、平安归于你"不单单是基督化希腊式书信的开首，因为这些话也属于犹太礼仪。[13] 并且，将感恩置于信件开首在希腊信函书写原则里只是个例而非常规，因此很难与保罗的感恩相比较。[14] Παρακαλῶ 一词常在书信中出现，却不似保罗书信那样提出道德忠告。莎草纸信件并不会就某一案

---

[11] 见 John White, *The Body of the Greek Letter*, SBLDS 2 (Missoula, Mont.: Scholars, 1972); John White, *Light from Ancient Letters* (Philadelphia: Fortress, 1986).

[12] E. Randolph Richards, *The Secretary in the Letters of Paul*, WUNT 42 (Tübingen: J. C. B. Mohr, 1991), 213: "大约 14000 封来自古希腊罗马的私人信件，它们的平均篇幅是 87 个字，范围在 18 至 209 个字之间……以保罗名字命名的 13 封书信平均篇幅为 2495 个字，范围在 335（《腓利门书》）和 7114 个字（《罗马书》）之间。"

[13] Klaus Berger, "Apostelbrief und apostolische Rede," *ZNW* 65 (1974): 199.

[14] 同上，219。同见 Peter Arzt, "The 'Epistolary Introductory Thanksgiving' in the Papyri and in Paul," *NovT* 36 (1994): 32.

例进行辩论，或提出大量的道德忠告。因此，它们对我们理解保罗劝勉的本质并无多少裨益。

为了给保罗的交流模式提供一个名副其实的类比，莎草纸信件不尽人意的结果让学者们另辟蹊径，从德斯曼曾排除在外的文献中搜寻相似信件：即那些本该作为延伸对话的部分内容或是"缺失的讲道"的信件。书信成为了沟通与交换意见的主要方式。书信研究专家描述了一系列书信类型，每一种书信都有自己的社会功能。他们还研讨了不同类型书信及其所处的社会环境。这些社会环境包括家庭、朋友圈、以及与官方政府关系。[15] 这些书信类型有安慰、鼓励、训诫及忠告。有时候，书信也是一个哲学家将自己的教导传于学生的媒介。伊壁鸠鲁给他支持者的书信曾传遍地中海地区，这与保罗写给距其甚远的会众的书信有几分相似。[16] 胡伯特·单希克（Hubert Cancik）曾研究了塞内卡（Seneca）书信集，并解释了哲学论证高于道德忠告的书信形式。例如，塞内卡书信可以分为"教导"与"劝勉"两个部分。在某种程度上，这与保罗书信相似。我们可以发现，塞内卡书信里的实际建议，与保罗在自己书信中的忠告明显相似。[17]

---

[15] Abraham Malherbe, *Moral Exhortation*, LEC (Philadelphia: Westminster, 1989), 80-81. 请注意 Stanley Stowers, *Letter-Writing in Greco-Roman Antiquity*, LEC (Philadelphia: Westminster, 1986), 39-40 对伊壁鸠鲁和柏拉图的论述。

[16] Stowers, *Letter-Writing*, 114-18.

[17] H. Cancik, *Untersuchungen zu Senecas Epistulae morales* (Hildesheim: Olms, 1967), 16.

除了这些有帮助的相似书信，古代书信写作并不能完全解释保罗演说的性质。古代书信的社会背景是家庭或朋友圈，而非信仰团体。然而，保罗的书信的作用在于建立一个团体，而非鼓励私人的道德培养。保罗书信意在发展他的教会的共同身份，并探讨能带领信仰团体成长的重要神学主题。

保罗：演讲之人

根据保罗对雄辩智慧（eloquent wisdom）的评价（林前一17；二5），我们或许会推断，他的讲道与彼时约定俗成的口头交流模式大相径庭。然而，大量的当代文献都不满于以下假设：保罗书信的模式完全由古代书信写作所塑造。也正因为对此不满，一个在过去几世纪中的普遍观点再度出现：保罗书信实际上是受古代演讲传统的影响。[18] 这种影响反映

---

[18] 见 Frank Hughes, *Early Christian Rhetoric and 2 Thessalonians*, JSNTSS 30 (Sheffield: JSOT, 1989), 19. 对保罗书信修辞学研究在古代司空见惯，其中最杰出的注释者就是奥古斯丁。在他的《基督教教导》（*Christian Teaching*）第四卷中，奥古斯丁引用了保罗书信为基督教雄辩（Christian eloquence）最杰出的代表。自 Eduard Norden, *Die antike Kunstprosa* (Reprint, Darmstadt: Wissenschaftliche Buchgesellschaft, 1958)后，以修辞学分析保罗书信开始衰弱。诺邓（Norden）认为，保罗的修辞法并不见于雄辩术。以修辞学研究保罗书信在20世纪70年代重新出现，始于 Hans Dieter Betz, *A Commentary on Paul's Letter to the Churches of Galatia*, Hermeneia (Philadelphia: Fortress, 1979).

就亚里士多德式修辞分析在何种程度上适于保罗，众说纷纭。例如，贝茨（Betz）的学生玛格丽特·米切尔（Margaret Mitchell）以

了，要么保罗刻意采用他可能在求学时习得的修辞艺术，要么他不经意间套用了他在希腊城市里自然吸收的修辞法。

古代演说指南将演讲分成三类：法学（judicial），议政（deliberative）和宣德（epideictic）。[19] 法学修辞用于法庭，其目的是使听众明白对过去事件的审判。议政修辞用于民主议会，并促进未来行动的决策。宣德修辞用来达到赞扬或责备的目的，并增强群体的价值观。尽管指南为演讲构想的环境并未包含基督徒聚会[20]，然而亚里士多德的三个类别对分析保罗书信有一定的价值，因为保罗书信与亚里士多德构想的演说不时会有相似用途。例如，汉斯·迪特尔·贝茨（Hans Dieter Betz）论道，《加拉太书》里保罗呼吁他的读者去评断过去的行为，因此他将此书置于法学修辞这一类别之下。[21]

修辞学深入分析了《哥林多前书》（*Paul and the Rhetoric of Reconciliation* [Louisville: Westminster/John Knox, 1992]）。其他人则认为，虽然保罗并不晓得修辞理论，但是他信件的部分内容和一些修辞学种类之间在功能上等同。见 Stanley Porter, "Paul of Tarsus and His Letters," in Stanley Porter, ed., *Handbook of Classical Rhetoric in the Hellenistic Period*, 533-85.

[19] Aristotle, *Rhet.* 1.3.1.

[20] Thomas H. Olbricht, "An Aristotelian Rhetorical Analysis of 1 Thessalonians," in *Greeks, Romans, and Christians*, ed. David Balch, Everett Ferguson, and Wayne Meeks (Minneapolis: Fortress, 1990), 225: "亚里士多德并未讲述基督徒聚会，因为彼时还未存在。假如亚里士多德生活在公元第四世纪，那么他的特定方法必会促使他将此第四种体裁囊括其中。"

[21] Betz, *A Commentary on Paul's Letter to the Churches of Galatia*, 24. 其他作者做了更有力的论述：《加拉太书》因着呼吁读者未来的行

由于《哥林多后书》同样呼吁读者判断过去的行为，它也有法学修辞的成分。然而，这两封书信却也都呼吁信徒改变将来的行为；所以，它们也绝对有议政修辞的成分。在其他保罗书信中，这位使徒不仅强调信徒群体的价值观（宣德修辞），也呼吁改变将来的行为（议政修辞）。因为这些类别在保罗书信里互有重叠，正如他们在亚里士多德的理论里一样，所以用亚里士多德的分类划分保罗的劝勉模式，对我们分析他的书信作用有限。我认为，所有保罗书信都旨在将来的行为，因此议政修辞为分析保罗的论述提供了背景信息。[22]

构思论述

我们或许会用上述构思论述（invention）、整合诉求（arrangement）和修辞形式（style）的类别来分析保罗书信。根据修辞学指南，演讲者可以从自身性格特征（ethos）开始论述，也可以诉诸理性（logos），或是从情感开始论述（pathos）。在古时的演讲中，基于演讲者性格的论据有着决定性的重要意义，因为演讲者的说服力源于听众对他的信赖。[23] 自传式论证通常在演说的开始，但他们也可能散布在

为（五至六章），属于议政修辞。见 J. Smit, "The Letter of Paul to the Galatians: A Deliberative Speech," *NTS* 35 (1989): 1-26.

[22] 见 Mitchell, *Paul and the Rhetoric of Reconciliation*, 50-55 对 παρακαλῶ 一词在议政修辞中使用的论述。

[23] Aristotle, *Rhet.* 2.1.2-3："演讲者不仅要思考如何使演讲本身具备论证性和可信性，而且应要展示他自身特定的品格，并知道如何在一个特定思想框架中判断。演讲者确信（尤其是论证性演说，其次是法庭演说）自己了解自身某种特定品质，并确信他的听众会认为他在以某种特定方式面对他们，又确信听众自身也在以某种特定方式

演讲的过程中。[24] 哲学家与雄辩家展示自己为听众的榜样。传授修辞学的老师在与其学生的关系中扮演代位父母（loco parentis）的角色。[25] 基于自身性格特征的论述是大量演说中首要论证模式，涵盖了伊索克拉底（Isocrates）和德摩斯梯尼（Demosthenes）的演说。

基于自身性格特征的论证是保罗书信的关键特征。[26] 在有些情况下，如在《哥林多前后书》之中，保罗用基于自身性格特征的论述回应对他事工的攻击。保罗在《哥林多前书》二1-5里说明自己在去哥林多的途中"又软弱又惧怕，又甚战兢"（林前二3）的状态，这具体表达了十字架的信息。四6-13更加证明了他诉诸被十字架所塑造的人格。在这段经文，他将自己的"软弱"（四10）与他听众的狂妄自大进行比较。他在第九章重申自己的观点，将自己形容为无私行为的典范，这也是他鼓励哥林多信徒要效仿的。

基于自身性格特征的论述是《哥林多后书》的焦点；彼时，保罗在哥林多的事工正经历他人的攻击。保罗在一2至二13总结了近期事件，并在七5-16概述了他与哥林多人重归于好，这与亚里士多德对基于自身性格特征之论述的描述相

面对自己。这三者显然有巨大差异。"见 George Lyons, *Pauline Autobiography: Toward a New Understanding*, SBLDS 73 (Atlanta: Scholars, 1985), 27.

[24] Lyons, 27.

[25] 见 B. Fiore, *The Function of Personal Example in the Socratic and Pastoral Epistles*, AnBib 105 (Rome: Biblical Institute, 1986), 177.

[26] 见 André Resner, *Preacher and Cross* (Grand Rapids: Eerdmans, 1999).

契合，这些论述可以置于演讲的开首，并在稍后继续论述。在描述他与哥林多人近期的关系之余，保罗也描述了那些"常常"（见二 14；四 10）成为他事奉特征的生活层面。他是被十字架重塑之生命的具象（四 10-11）。当他在论证中多方位将自己和他人对比时，他表示他不得不自夸，这也正是许多古代演讲的特征。因此弗兰西斯·杨（Frances Young）和大卫·福特（David F. Ford）认为，就演讲者因其反对者的指控而进行基于自身性格特征的论述这一点而言，《哥林多后书》与德摩斯梯尼（Demosthenes）的第二卷书信集（*Epistle 2*）有异曲同工之处。[27]

在未遭受直接攻击的情况下，保罗似乎也会从自身性格特征的角度进行论述。《腓立比书》（一 12-26）以及《帖撒罗尼迦前书》（二 1-12；试对比 加一 10 至二 21）有更多基于自身的论点，其中保罗论述了他如何体现了所传之道的信息。尽管学者们推测这些论述是回应人们对其行为的攻击，然而信件本身并没有任何迹象可以支持这种说法。保罗主要的担忧更可能是，作为一个演讲者如何建立其威信，而非与批判者辩驳。

近期的修辞研究表明，保罗诉诸理性（logos）亦与希腊雄辩术传统有关。人们的论述可以用权宜之事、过去的例证，以省略推理法（enthymemes）或三段论法形式的逻辑论证为出发点。玛格丽特·米切尔（Margaret Mitchell）表示，共同诉诸"权宜之事"（τὸ συμφέρον，林前六 12；十 23；林后八

---

[27] Frances Young and David F. Ford, *Meaning and Truth in 2 Corinthians* (Grand Rapids: Eerdmans, 1987), 37-39.

10；十二 1；参 林前七 25；十 33）反映了，以利益出发的论证是亚里士多德式修辞的主要论点。[28] 人们将保罗诉诸经文与亚里士多德式修辞中诉诸过去实例相比较，而保罗诉诸信条宣言（见 林前八 6；十一 23-26；林后十五 1-3）可与诉诸团体共有的知识相比较。[29] 诉诸理性可包括从共同的知识，古时的观点，逻辑证明，或是听众的利益为论证的出发点。

从情感（pathos）出发的论证在保罗书信中屡见不鲜。[30] 例如，保罗在《加拉太书》四 19 从情感出发进行论述："我小子啊，我为你们再受生产之苦，直等到基督成形在你们心里。"在《哥林多后书》十至十三章里，从情感出发的论述在保罗为自己激昂的辩护中也显而易见。他采用新娘父亲（十一 1-4）与会众父亲（十二 14-21）的隐喻，阐述他与听众的关系的本质。他不断恳求哥林多人接纳他的事工，这也是从情感出发的论述。当为自己的事工辩护时，他高呼：

---

[28] Mitchell, *Paul and the Rhetoric of Reconciliation*, 25-39; 有关以权宜之事为论述起点的论述，见 Aristotle, *Rhet*. 1.3, 1358b, 22; Quintilian, *Inst*, 3.8.22; 3.8.33;参 Lausberg, *Handbook of Literary Rhetoric*, §61.2; §196.1.

[29] Aristotle, *Rhet*. 1.2.13; Quintilian, *Inst*. 5.11.1.

[30] 亚里士多德论述了情感的重要性："雄辩者的目的事实上是要让他的听众在既定的时刻和处境中（比如在法律诉讼中面对被辩护者时），对特定的人物有这种认同，而不是另有他想，并利用这种情绪来引导或影响听众的判断。"根据亚里士多德的观点，情感是必要的，因为在情绪的影响下，同样事物在人眼中是不同的。因此，"当听众被演讲引导有情感认同时"，他们就会被说服了，"因为我们在哀叹和喜乐中，或在友好和敌视中，所做出的判断是不同的"。（*Rhet*. 1.2.5）。

"哥林多人哪，我们向你们，口是张开的，心是宽宏的。你们狭窄，原不在乎我们，是在乎自己的心肠狭窄。"（林后六 11-12）此种诉诸情感的做法在保罗书信里层出不穷。

在保罗式构思论述里，我们也可以看到对证据的运用，而这在亚里士多德传统中较为普遍。希腊听众应该能分辨从人格、理性与情感出发的保罗式劝导。下文会讨论保罗在何种程度上颠覆或改变这种常规的论述。

整合诉求

各类修辞指南会指导如何有序编排。亚里士多德与其继承者强调，演说的说服力取决于其有序的编排。有感染力的演说包含绪论（exordium），陈述（narratio），论题（propositio），证据（probatio）以及结论（peroratio）。[31] 绪论用于引出话题，并让听众能认同演说者。陈述包括了当下事件的来龙去脉，通常紧接着论题。论题会陈明论点的中心思想。证据包含对事件的证明。在证据部分，演说者总结事件，并对听众晓之以情。[32]

在近几年的保罗研究中，整合诉求领域对修辞运用最有成效。在该领域中，最新研究已经证明了整封书信作为极具匠心的论述的修辞力量。尽管保罗书信的论点发展有重大变化，但书信的论点编排至少与亚里士多德的修辞有部分相同。

---

[31] 见 Cicero, *De or.* 2.80. 亚里士多德只罗列了演讲的两个部分（*Rhet.* 3.13）。
[32] 有关演讲中各个部分的功用，见 Lausberg, *Handbook of Literary Rhetoric*, § 263-442.

保罗式感恩在某种程度上和绪论一样，引入话题并让听众能认同信中的信息。在感恩之后，保罗通常会转而简单总结近期发生的事件（见 帖前二 1-三 10；加一 10-二 14；林前一 10-17；林后一 18-二 13；罗一 11-15）。这些总结由自传式反思组成，其功能如同对论点的陈述。在保罗的大多数书信里，陈述之后紧跟着包含有待商榷事件的中心主题，其功能如同论题（见 帖前四 1-2；林前一 10；加二 15-21；林后一 12-14）。信中的主要论点紧随中心主题之后，其功能如同证据。保罗在信里最后的总结中，对事件进行重述，以此带动情绪（见 罗十五 14-29；林后十-十三；加六 11-17）。尽管将亚里士多德术语应用于整合诉求不应被强行视为研究保罗书信的一致标准，但亚里士多德式分类在证明保罗书信本质上一致性一事上，的确是一个宝贵的工具。保罗的讲道是精心编排的演绎性论述，这是保罗有意巩固其在会众间逐步灌输的价值观，改变他们将来的行为。

对近期研究中修辞整合的关注，在展示保罗论证的连贯性上有重要价值。至少当我们发现保罗采用了符合演讲文化的整合诉求之原则时，一些反对书信完整性的观点就会丧失说服力。[33] 例如，释经者论到，我们在判断《哥林多前书》的文学连贯性上出现了很多问题。因为保罗转换话题过快，许多人误认为《哥林多前书》只是保罗专门回应哥林多教会面临的众多问题。玛格丽特·米切尔（Margaret Mitchell）采

---

[33] 见 Casey Wayne Davis, *Oral Biblical Criticism: The Influence of the Principles of Orality on the Literary Structure of Paul's Epistle to the Philippians*, JSNTSS 172 (Sheffield: JSOT, 1999), 19.

用修辞的分类来说明《哥林多前书》本质上的连贯性。在指出哥林多结党纷争的问题后，保罗从绪论（一4-9）转至一10的论题。在该节经文，他要求听众能都"说一样的话"（字面直译）。在简短介绍事件因由后（一11-17），保罗给出了他的论点。他推翻了导致结党纷争的罪魁祸首（自大），为解决一18至四21的具体问题奠定了基础。米切尔表示，她并非将书信的剩余部分看做保罗专门回应哥林多教会所询问的问题。虽然十一2至十四40是处理与信徒关系的话题，但是五1至十一1里的不同问题（乱伦，淫乱，婚姻，祭偶像之物）实则殊途同归；二者共同构成与非信徒关系这一话题的统一内容。第十五章处理了一个哥林多人争论不休的话题（复活）。保罗提供了一个可以让他们"说一样的话"的基本观点。

在多数情况下，保罗论述中的插曲让释经者感到左右为难。他们推断，保罗要么不是一个谨慎的书信作者，要么这些信件片段是由他人插入其书信中的。例如，祭偶像的肉这一主题（林前八1-13）在得出十23-十一1的结论之前，被第九章的自传性内容以及十1-22对旷野一代人的失败的论述所打断。同样，十二1-31对属灵恩赐的讨论，在十四章的总结前被十三章关于爱的部分打断。威廉·维尔诺（Wilhelm Wuellner）表示，这两个部分都有一个aba的句型。借此，保罗偏离本来的话题，来阐明他的论点。在每种情况下，保罗都展示了此种偏题是一个普遍的演讲策略。[34]

---

[34] Wuellner, "Greek Rhetoric and Pauline Argumentation," 185-87.

修辞形式

修辞指南还会在修辞形式上指导演讲者,并区分雄伟文体(grand style),中庸文体(middle style)和平直文体(plain style)。复杂文体或作雄伟文体涉及对句号的使用,由两个或两个以上的从句组成。[35] 中庸文体有并列的特点,且与叙述相关。平直文体则与自发性交谈相关,并无任何修饰迹象。[36] 与许多作者一样,虽然保罗很少在书信中使用雄伟文体,但是也展示了所有三种不同层次的文体。[37] 保罗的语句以并列居多,甚少使用极富希腊文学色彩、精雕细琢的从句。因此保罗书信主要以中庸文体而写。他在书信中大量使用反问是司空见惯的,但我们能从中发现交谈性演讲与平直文体的特点。如鲁道夫·布尔特曼(Rudolf Bultmann)在他对保罗讲道方式的经典研究中所言, 保罗对反问的运用似

---

[35] 安德森严格地将以句号结尾的句子定义为一个"包含至少两个从句的句子;在该句子中,从句打断了主句,而主句暂时被搁置,直到最后的内容时,整个句子才得以完成"。他引用了《路加福音》一 1-4 作为句号的突出例子(R. Dean Anderson Jr., *Ancient Rhetorical Theory and Paul* [Leuven: Peeters, 1999], 184)

[36] Porter, "Paul of Tarsus and His Letters," 577.

[37] 同上。奥古斯丁查考了保罗的演讲,并发现了依据修辞行业标准,这些演讲中的巨大修辞力量的证据。奥古斯丁主要关注保罗的修辞形式,为保罗书信的体裁特征提供了专业的修辞术语。例如,他说明保罗在《罗马书》五 3 的论述——"患难生忍耐,忍耐生老练,老练生盼望"——以递升的次序安排,希腊人称这种次序为κλίμαξ。他又查考了《哥林多后书》十一 16 至十二 10"愚妄的话语",并总结道:"保罗的言辞是多么智慧和雄辩啊!"

乎也反映了他对哲辩（diatribe）的运用。[38] 斯坦利·斯托尔斯（Stanley Stowers）表示，保罗的哲辩形式是老师在与学生的对话时最钟意的教育策略。[39] 其他研究着眼于保罗演讲风格的修饰，并表明他运用了丰富多样的一系列修辞手法（figures）。[40]

修辞分析是了解保罗式劝勉并分析修辞单位之效力的有效工具。保罗书信主要包含呼吁要有新的、源于基督教信息的行为。他经常基于演绎的论述向读者呼吁。保罗对演绎法的使用应当用来提醒那些说教者，故事并非基督教劝勉的唯一模式，归纳式讲道也从来不是基督徒交通的唯一形式。基督教布道也可以用演绎论述，建立一个有说服力的案例，从而达到团体性转变。如果保罗是个范例，源于传道人自身性格特征的论述在基督教讲道中便占有一席之地。因为演讲者基于其自身性格特征而来的极具说服力的信息传达，对每一代人而言都是合适的论证。从教会自身基本信念出发的论证，即旨在塑造意识并引出基督徒认信的含义，也是基督教讲道中的重要一环。另外，基于情感的论证通常用作基督徒生命中生死攸关问题的实证。

---

[38] Rudolf Bultmann, *Der Stil der paulinischen Predigt und die kynisch-stoische Diatribe*, FRLANT (Göttingen: Vandenhoeck & Ruprecht, 1910).

[39] Stanley K. Stowers, *The Diatribe and Paul's Letter to the Romans*, SBLDS 57 (Chico, Calif.: Scholars Press 1981).

[40] Porter, "Paul of Tarsus and His Letters," 全面记录了保罗使用的比喻手法和修辞方法。

对保罗风格的分析也可用来证明基督教布道既非出自诗人或剧作家之手的高等文学，也非任意编排、杂乱无章的文字。保罗书信是亲密的与对话性的。正如奥古斯丁所言，保罗不过是显明许多地方都有短语的修辞学转向。保罗的讲道游走于平直文体与精雕细琢的表述之间；这些表述适用于某些场合以及主要内容。

保罗的劝勉让我们再一次反思基督与文化的问题，因为这些问题与讲道休戚相关。基督教讲道在何种程度上受到流行的演讲模式的影响？尽管我们不知道保罗是否受过正式的修辞学教育，但他所听过的演讲者，以及渗透希腊文化生活各个方面的劝说艺术，都影响了他的演讲。然而，保罗与希腊时期修辞学的互动并非意味着他作为一个传道人，着意去迎合希腊式修辞的特色，从而"赢得"他的听众。这种修辞特征是他与听众分享的基本教育的一部分。同样，传道人与听众不可避免会被其文化中的劝说模式所影响。正如我们将在下一部分看到，保罗带给其时代文化的劝勉模式，扭转并颠覆了他所继承的演说传统。

保罗讲道的独特性

保罗书信在何种程度上算为基督教劝勉的独特模式？构思论述方面最清楚显明保罗讲道的独特性。尽管我们发现保罗诉诸一些修辞中常用的证据，但许多论证中的相似之处只限于表面而非实质，因为保罗论证的中心是他与他教会的关系。尽管保罗的论述方式与古代信函的写作与演讲明显相似，但他的书信中也有一些与众不同的地方。[41] 这些独特性或许首先得见于演讲者听众的关系。在大多数保罗书信中，他视自己为使徒，说明自己的权柄，又表明他劝勉的本质。即使在一些书信里并未宣告自己使徒的身份（《腓立比书》，《帖撒罗尼迦前后书》，《腓利门书》），保罗也用父亲训诫孩子的权威性语气说话（帖前二 11-12）。他对会众的"勉励"（παρακαλῶ 帖前四 1；五 14）与"劝诫"（ἐρωτῶμεν；帖前四 1；五 12）只是恰如其分地用礼貌替代直接命令（参门 8）。他在所有书信中的命令语气也反映了他在教会中的权威角色。这也让保罗的劝勉显得与众不同，因为他以父亲的角色写信，却选择请求他的孩子顺从他的期望而非胁迫孩子服从（门 8-9）。

在《哥林多前后书》里，我们会特别看见保罗交流的独特性。在这两封书信里，他明确视自己为"奉神旨意，作耶稣基督使徒"的人（林前一 1；林后一 1）。他也将自己看为他教会的父亲（林前四 14-21；林后十二 14-15）。这个关系是他劝勉的中心，因为他劝勉的主要层面是说明伴随他使徒与教会之父这些角色的权威概念。保罗的使徒角色在《哥林多前书》开篇便清楚陈明。他的论点是"我借我们主耶稣基督的名……劝你们"（一 10）。换言之，他代表基督说话。他的劝勉并非依赖"智慧委婉的言语"，即雄辩的证据，而是靠着"圣灵和大能的明证"（林前二 4）。在《哥林多前书》

---

[41] 见 Anders Eriksson, *Traditions as Rhetorical Proof: Pauline Argumentation in 1Corinthians*, CB 29 (Stockholm: Almqvist & Wiksell, 1998).

二 6-16，保罗宣告自己的特权地位根植于"从前所隐藏的神奥秘的智慧"（二7），但这智慧如今已显明给"完全的人"（二6）。在这里，如乔治·肯尼迪（George Kennedy）所言，保罗似乎在挑战整个希腊罗马的修辞传统。[42] 马太和保罗"大量运用逻辑论证形式，但他们论证的有效性完全出于他们的设想，而这都是无法在逻辑与客观上证明的。"[43] 只有那些有圣灵的人才能评价他的论证。在碰到听众用自己的标准评价传道人的情况时，保罗宣称自己无非是引导他们相信的 διάκονος（三5）。他和亚波罗无非是基督奥秘事（林前四1）的 ὑπηρέται καὶ οἰκονόμοι（执事和管家）。这样的奥秘并非受制于理性的证明，因为它们是从神而来的启示。

我们在《哥林多前后书》随处都能看到保罗彻底的基督教修辞。虽然保罗时常诉诸论证的标准模式，但是他作为权威使徒的特权地位总是显而易见的。他是一位警戒自己儿女的父亲（四14），他也用父亲的惩戒权来劝说（四21）。保罗是一位扬言"带着刑杖"（林前四21）去见他们的传道人。在他对与继母同居之人的教导中，他以宣告先知性审判的身份写信（林前五3）。尽管他在五6下半节诉诸团体价值（"岂不知一点面酵能使全团发起来吗？"），并在五7诉诸福音传道（kerygma；"我们逾越节的羔羊基督，已经被杀献祭了"），但是当他用命令语气写信指示信仰群体的行为标准时（五9，11），他的个人权威强化了他的论证。

---

[42] Kennedy, *New Testament Interpretation*, 17.
[43] 同上。

我们或可觉察保罗在《哥林多前后书》中，同时使用了标准的论证模式与"根本的基督教修辞"模式。当他基于其自身性格特征论述时，通过论证其作为"十字架之愚拙"的具象，转换了人格这一概念。当他以亚里士多德的风格诉诸所谓"权宜之事"时，他通过表明权宜取决于信仰团体的好处，改变了权宜之事的概念。[44] 依据修辞的术语，他频繁诉诸会众已知之事[45]可理解为基于他与会众共有价值观的论证。[46] 然而，保罗是信仰群体传统的诠释者。当他诉诸经文（林前十四 21，34）作为其论证的基础时，他是以一个明白经文是"作为鉴戒"（林前十 11；参九 10）而写的特权身份来说话。作为一个被神差遣之人，他要揭示一个奥秘（十五 51），而这奥秘提供了包括复活在内所有问题的最终答案。

然而，这里保罗也作为有特权的权威解释者，这权威广为信仰群体所知。在从经文以及为会众熟知的传统构建论据的过程中，保罗的进路与亚里士多德的格言一致，即一个人与听众的共同点是他论证的基础。[47] 但是，在其使徒角色中，保罗是信仰群体传统的特权解释者。

---

[44] Mitchell, *Paul and the Rhetoric of Reconciliation*, 38.
[45] 参《哥林多前书》五 6，六 2，3，9，15，16 中的 οὐκ οἴδατε。
[46] 保罗的观点除了建立在信仰群体已知之事的基础上，他也在群体能获取的传统的基础上来论述。参八 6，十一 2，23-25，十二 2，十五 1-3。同见 Eriksson, *Tradition as Rhetorical Proof*, 73-137.
[47] 见 Eriksson, *Traditions as Rhetorical Proof*, 31. 唯有对话者认可并双方共同接受之真理的范围内，以修辞论述的真理才具有说服力。"因此，演讲者说服他听众的努力依赖于他与听众共有的观点。亚里士多德称这些观点为 ἐνδόξαι，并认为它们可以自我显明给所有人，或

这样权威的语气在《哥林多后书》中呈现得更为淋漓尽致。在此书信中，保罗的事工遭到"超级使徒"（林后十一 5）的挑战，这些人与《哥林多前书》中的反对势力联合。如同在《哥林多前书》（一 18-25），保罗在此书信中提出，他的宣告是一个可以示于人前，会带来生存或灭亡的结果（林后二 14-17）。作为新约的执事（林后三 6），他与摩西极为相似。尽管自身不足，但神让他都能"承当"（二 16；三 5）并宣讲神的约。如果保罗事工的荣耀并未得到广泛认同，并非因为他自身能力不够，而是因为他听众耳聋心盲，听不见神的话，如同以色列人看不见神与摩西所立的约一般。[48] 作为神的使徒性仆人，他未能如约探访哥林多教会，因为他想要"宽容"他们（林后一 23）。然而他许诺在将来，对悖逆的孩子"必不宽容"（十三 2），因为他已承接了耶利米的先知角色，被呼召为要"造就你们而非败坏你们"（林后十 8；十三 10）。

大多数人，或那些智者，即所有的智者或大多数智者，或智者中最有名的或最杰出的。"（*Top.* 1.1.100b）佩雷尔曼（Perelman）和布雷希特·提特卡（Olbrechts-Tyteca）的"新修辞学"发展了同样的观点。他们强调，听众所持的前提是论述的必要起点。见 Eriksson, *Traditions as Rhetorical Proof*, 32; 引自 C. Perelman and L. Olbrechts-Tyteca, *The New Rhetoric: A Treatise on Argumentation* (Nortre Dame: Univ. of Notre Dame Press, 1969), 65-74.

[48] 参 Kennedy, *New Testament Interpretation through Rhetorical Criticism*, 8: "这位基督教讲演者（orator）如同他的犹太先贤一样，是神旨意的器皿，神会把必要的话交付给他。他的听众会是否被说服并非因他们的心思有能力理解信息，乃因神对他们的爱。他们的心或许被爱所感，也可能抵挡此恩典。"

如《哥林多前后书》所示，保罗的讲道是秉承先知传统的权威讲道。保罗并非以理性说服这种普通的人类兵器作战。在让所有思想都臣服于基督的争战中，他的兵器乃是可攻破一切坚固堡垒的神的大能（林后十4）。若保罗是讲道的典范，那么他也提醒我们，基督教的演讲终究依赖于以使徒见证为媒介的使徒权威。因此，传道人并非"没有权威之人"，而是向教会传达权威教导之人。传道人是先知传统的继承者，回顾那些专门传讲神话语之人的言语。传道人并非为自己说话，而是担任"管家"，其职责是忠信持守交托于他们的。传道人也是使徒的使者，为信仰团体"解释他的教导"。

讲道，信仰群体与信仰的文法

保罗书信的背景也是其书信与众不同的特点。与亚里士多德想象的法庭环境、民主集会、或是佳节之期不同，保罗是写给"帖撒罗尼迦在父神和主耶稣基督里的教会"（帖前一1），以及其他信仰团体。包括《腓利门书》在内的所有书信，都是写给不同的教会，为了塑造会众的意识。Ἐκκλησία 包括那些已回应基督教讲并成为信仰群体成员的人。我们必须牢记，保罗给会众的信是希腊罗马修辞不可比拟的，因为亚里士多德并未想到基督徒聚会。[49]

保罗用最亲密的家庭称谓与信仰群体说话，这也在听众间建立起一个意识，即他们与教会建立者以及彼此之间，可

---

[49] Olbricht, "An Aristotelian Rhetorical Analysis of 1 Thessalonians," 225.

以借家庭纽带紧密相连。他在《加拉太书》用母亲的语气强调："我小子啊，我为你们再受生产之苦，直等到基督成形在你们心里。"（四 19）他写给帖撒罗尼迦教会的信也用了这种既家庭化又亲密无间的词藻，这也说明了向信仰团体讲道的本质。他不与他们在一起只是一个"我们暂时与你们别离——是面目别离，心里却不别离"（帖前二 17）的情景。并且他将教会视为自己的"喜乐"（帖前二 20）与"夸口"（林后一 14）。[50] 他回想起曾经与他们的关系，温柔得"如同奶娘"（帖前二 7 如同母亲乳养她的孩子；新国际译本）。在他与他们的关系中，他就"像父亲待自己儿女一样"（帖前二 11）。这父亲般的形象在保罗的书信中所处可见。他在《帖撒罗尼迦前书》采用这样的形象来描述自己作为会众老师的角色（二 11）。在《哥林多前后书》，他采用这样的形象来描述他训诫的权柄（林前四 21），以及拒绝财政支持的原因。作为一个父亲，他为自己的孩子提供帮助，以此表达自己的爱（林后十二 14）。用家庭的措辞给读者写信的方式贯穿了保罗书信，他以此称读者是"亲爱的"和"弟兄"。在古代社会，这样的语言是家庭内使用的。他信中常用的称呼有"亲爱的"（林前十 14；林后七 1；十二 19；腓二 12；四 1），"弟兄们"以及"亲爱的弟兄们"。

他不单诉诸自己与信徒的亲密关系，也诉诸基督徒彼此之间的亲密关系。我们或可发现，保罗诉诸腓利门与其他基

---

[50] Reinhold Reck, *Kommunikation und Gemeindeaufbau*, SbB (Stuttgart: Katholisches Bibelwerk, 1991), 212.

督徒之间的亲密关系。在感恩部分，他说："众圣徒的爱心（σπλάγχνα）从你得了畅快。"（门7）在书信结尾，他说："使我的心（σπλάγχνα）在基督里得畅快。"（门20）这种家庭用语反应了保罗与其教会的联合。这也说明了他谈论教会时的满腔热情。

讲道的团体特性也在保罗书信中的礼拜元素上显得尤为明显。保罗讲述基督徒礼拜的独特背景遍及保罗书信，因为他用礼拜的文法（grammar）论述；这种文法在古代演讲和书信中并无相似例子。这种独特的信仰文法或许可见于这一事实：保罗书信首尾皆为恩典之言。保罗以"愿恩惠平安从我们的父神、并主耶稣基督归与你们"[51]作为开始，并以同样包含恩典话语的祝福结束。《哥林多前书》（十六 23）结尾的祝福便是一个典型的例子："愿主耶稣基督的恩常与你们众人同在。"更为详细的祝福要数《哥林多后书》（十三 14）的结尾："愿主耶稣基督的恩惠，神的慈爱，圣灵的感动，常与你们众人同在。"保罗书信首尾之言皆借鉴了礼拜并反映了其讲道的风格。[52]

---

[51]《罗马书》一7；《哥林多前书》一3；《哥林多后书》一2；《加拉太书》一3；《以弗所书》一2；《腓立比书》一2；《腓利门书》3；参《歌罗西书》一2；《帖撒罗尼迦前书》一1。

[52] 见 Raymond Collins, "1 Thes and the Liturgy of the Early Church," *BTB* 10 (19080): 53 对《帖撒罗尼迦前书》礼拜模式的论述："'恩典和平安归于你们'是保罗之前的礼拜公式，保罗只是在书信中采用了这一公式。若此种观点是合理的，那么保罗在这封书信结尾处（帖前五 23-28）采用某种礼拜模式的元素也是合理的。有人认为，恩典—亲嘴—问安的公式是话语礼拜（the liturgy of the word）的结束。

克劳斯·贝尔格（Klaus Berger）已经说明，"愿恩惠平安从我们的父神并主耶稣基督归与你们"并非只是稍显基督教化的常见希腊书信的开首。用"愿恩惠平安归与你们"表达祝福的方式，也深深扎根于犹太文学与礼拜仪式之中。旧约祝福中最广为人知的便是《民数记》六 24，它表达了对神祝福的渴慕。[53] 同样的，"从父神并主耶稣基督"在保罗书信里也独具特色。贝尔格曾说："对同时代的希腊人而言，这只能是一个奇怪，复古又罕见的书信开首。鉴于是使徒所写，这里才会记载。"[54] 神授权一人将祂的恩惠平安传达给他的子民，这些文字便构成了这人口中的祝福之词。毋庸置疑，这样的祝福形式反映了犹太祝福形式在早期教会中的延续，因此保罗书信开始与结尾的祝福源于教会礼仪。它们出现在保罗书信说明了保罗自己的讲道也涵盖了教导式祝福，他借此表达了自己对神恩惠平安临到信仰团体的愿景。

保罗独特的礼拜文法也可见于他书信开首的感恩部分。尽管我们或会发现它与古代书信写作与修辞中的开首感恩（或作祝福）相似，但大家对这些相似点的重要性有些夸大其词。感恩部分在希腊书信中并不常见，与希腊演讲开场白的相似度也极低。[55] 感恩与祝福一样，根植于犹太礼拜仪式。

对 23-24 节中祷告的分析或许可以支持这一观点：'愿赐平安的神亲自使你们全然成圣。'"参 G. Wiles, *Paul's Intercessory Prayers*, SNTSMS 24 (Cambridge: Cambridge Univ. Press, 1974), 28-40.

[53] 见 Terence Y. Mullins, "Benediction as a NT Form," *AUSS* (1977): 61-62.

[54] Berger, "Apostelbrief und apostolische Rede," 99.

[55] 同上。

《死海古卷》中有与保罗书信的感恩极其相似的内容。[56]《哥林多后书》二章的祝福形式也是基于旧约与犹太模式。[57] 保罗书信的感恩部分反映了其教会的基督教礼拜仪式,这也得益于犹太礼拜仪式。我们或可推测,通过保罗书信开首的感恩部分,我们得窥早期基督教礼拜仪式。同时我们也可推测,保罗是在此礼拜仪式中带领会众的传道人。因此,保罗所投身的"社群构建"包含了以祝福与祷告为媒介来塑造群体身份。

其他的礼拜元素在保罗书信中也屡见不鲜。颂赞、感恩与恳求不时打断保罗的演讲。他频繁用"感谢神!"中断自己的论述(罗六 17;七 25;林前十五 57;林后二 14;九 15)。罗伯特·杰维特(Robert Jewett)在《帖撒罗尼迦前后书》(帖前三 11,12-13;五 23;帖后二 16-17;三 5,16)中发现了六处这样的教导式祝福,每一处都以固定格式 αὐτὸς

---

[56] James M. Robinson, "Die Hodajot-Formel in Gebet und Hymnus des Frühchristentums," *Apophoreta*, Fs. E. Haenchen, ed. W. Eltester and F. H. Kettler (Berlin: Töpelmann, 1964).

[57] 这种形式通常以 εὐλόγητος 和对神的赞美开始,之后便是相关的从句,描述神的作为。参《创世记》九 26;十四 20;二十四 27;《出埃及记》十八 10;《路得记》二 20;《撒母耳记上》二十五 32,39;《撒母耳记下》十八 28;《列王记上》一 48;五 7;《以斯得拉记上》四 40,60;八 25;《以斯得拉记下》七 27;《多比特书》三 11;八 5,15,16;九 6,十一 14,17;十三 18;《七十士译本》:《诗篇》十七 46;二十八 6;四十 13;六十五 20;六十七 19;七十一 18;八十八 52;一百零五 48;一百一十八 12;一百二十三 6;一百三十四 21;一百四十三 1。

δὲ ὁ θεός 或 δε ὁ κύριος 开始,并用祈愿的语气表达愿景。[58] 保罗为与信徒群体重聚(帖前三 11),为他们的成圣(帖前三 11;五 23),为他们能在信与爱中成长而祷告。保罗的"信仰文法"(grammar of faith)无疑折射了他的讲道,而他的讲道又受犹太礼拜仪式的影响。

作为神学与劝勉的讲道

随着保罗个人事工在教会的延续,他的书信都旨在塑造会众活出"与福音相称的"生活。诚然,这些书信在长度与主题上各不相同,但它们的目的殊途同归,都是以神学论证为支撑,呼吁听众改变行为。通常(但并非总是)位于保罗书信结尾处的道德劝勉,不会被视为神学论述的附录,反而被看作论证的高潮,其中神学论证为行为改变提供了依据。保罗频繁用请求的字眼(παρακαλοῦμεν, ἐρωτῶμεν),或是命令的语气提出道德要求,为基督教信仰的道德含义给出特定指导。他罗列一系列罪行与美德,并给出具体的要求,这表明了一个呼吁在信仰群体生命中有具体改变的讲道。

保罗的所有书信都用神学论证来支持他的劝勉。这一事实为讲道提供了重要的模式,而这也正是当代关于讲道的讨论常常忽略的部分。基督教讲道不单塑造了会众的群体身份,

---

[58] R. Jewett, "Form and Fuction of the Homiletic Benediction," *ATR* 51 (1969): 18-34.

也会给出详细指导来具体说明人们如何活出一个"与福音相称"的生活。

保罗与当代讲道

保罗的讲道事工为当代讲道提供了重要的洞见。基督教传道人致力于权威性演讲这一事实，会引发一系列对单单倚靠归纳式讲道的质疑。这些质疑归根结底在于对讲道非权威性的理解。传道人接手保罗使者的角色，传达并解释说明使徒的话，重新呈现他们的说服力。如同公开宣读保罗书信之人，基督教传道人在保罗不在场之时，代行职权，为信仰团体解释他的话语。这个权柄并不属于传道人，而属于保罗。

保罗的劝勉与希腊罗马修辞学之间的类比提醒我们，希腊罗马的修辞学并非入侵基督教修辞的外来物，因为它一开始便在塑造保罗交流模式上发挥作用。此外，保罗与修辞学传统都用到的演绎论证，在基督教讲道里也占有一席之地。基督教交流包含了一系列演讲模式，既有归纳法，也有演绎法。对会众意识的塑造需要对一些问题进行论证，并说服听众，为要确定教会的身份与未来的道路。

虽然基督教讲道从未完全独立于文化中已知的劝说模式，但是保罗的讲道提醒我们，我们的劝说也从未与其他的演讲模式相同。基督教讲道包含了由传道人传达从神而来的权威话语。在颂赞、祷告与赞美中，这话语塑造听众的意识并带领他们。讲道为听众开创了新的"信仰文法"，会众借此学习祷告、赞美与颂赞之辞。讲道也创造并维持一个团体的意识。在这个意识中,信仰个体逐渐认识到,他们的身份与教会的团体身份密不可分。

第四章 何为教牧讲道?

《帖撒罗尼迦前书》中的教牧性传道人保罗
讲道更大的议程:末世的视角
建立共同身份/共同群体与群内语言
教牧性讲道:建立群体伦理规范

尽管牧者的职责从来不只限于常规的讲道,但讲道一直是职责的核心。在整个教会历史中,讲道的主要功能之一是提供牧养的教导,指导会众过基督徒的生活。[1] 讲道为信徒群体提供方向,引导个人和整个信徒群体活出信实的生活。但近年来,有两个变化削弱了讲道的牧养性质。第一,随着多元职工教会(multistaff churches)的发展,教牧关怀已然成了一门专业的事工。所以,讲道和教牧关怀的职责,已经被明确地划入两个专业领域。按着这种界定,讲道者需要专注于讲道,而教牧辅导员则要关心人们的需要。[2] 第二,近期对叙述性讲道的重视,也减弱了传统讲道中的教牧层面。在以叙事为主要沟通模式的地方,讲道的方式都较为间接,不会正面以呼召的方式挑战听众改变生活。由于在整个教会历史中讲道都是教牧性的,所以这种将讲道与牧养职责分开的趋势,正显明我们对讲道事工的理解有了重大改变。

---

[1] Harry M. Byrne, O. P., "Preaching and Pastoral Care," in *In the Company of Preachers*, ed. Regina Siegfried and Edward Ruane (Collegeville, Minn.: Liturgical Press, 1993), 165. 教父时期资料,另见 Hughes Oliphint Old, *The Reading and Preaching of the Scriptures in the Worship of the Christian Church* (Grand Rapids: Eerdmans, 1998), 2.5-18.

[2] 见 Christian Möller, *Seelsorglich Predigen*, 2d ed. (Göttingen: Vandenhoeck & Ruprecht, 1990), 9.

我相信这个专门化的尝试不但不切实际,而且在神学上也并不恰当,其中原因将在本章解释。当人们意识到讲道不能与牧养职责分开后,这一举动的不可行性将变得显而易见。信徒群体并不会接受一场与会众心系之事无关的讲章。圣经中的见证,特别是耶稣和保罗的事工,一贯指向讲道与教牧关怀之间的关联。在第二章,我描述了保罗的福音性讲道与他在写作前牧养活动之间的关系,借此论证了保罗书信显明教牧性讲道是福音性讲道必然生出的结果。在本章,我会论述这些书信反映了教牧对话的下一个阶段。保罗的事工提醒我们,讲道不能与牧养的职责脱离,因为讲道本身就是牧养性的。

什么是教牧性讲道? 尽管教牧性讲道的理念备受尊敬,但何为教牧性讲道这个问题,在治疗性文化中(therapeutic culture)别具争议。"教牧"或"牧养"(pastoral)一词在当代的谈话中具有新的含义。在日常用法中,"牧养"关于给予个人支持、接受、关怀、肯定、医治,甚至是无条件的正面关怀。教牧关怀被认为是,牧羊人给予羊群个人化的关怀。[3]

这种对牧养职责的理解对我们理解教牧性讲道有特别影响。托马斯·朗(Thomas Long)表示,讲道者是牧者的这一个形象,"几乎无可避免地将讲道的听众视为一群有个人问题和需要的独立个体,而不是一个带有使命的群体、团体和教会。福音的公开性、群体性和系统性层面,往往相较个人

---

[3] Ronald Allen, "The Relationship between the Pastoral and the Prophetic in Preaching," *Encounter* 49 (1988): 174.

性话题被轻看。"[4] 所以，有关教牧性讲章和教牧性讲道的书籍都倾向把听众的需要等同于个人和家庭的问题，例如，孤单、家庭冲突、中年危机、未实现的潜能、追求幸福和自尊的问题。在讲章中，讲道者肯定这些问题，并且提供解决方案。[5] 故此，教牧性讲道被视作"群体规模的辅导"。

哈里·艾默森·福斯迪克（Harry Emerson Fosdick）在本世纪是许多传道人的模范，他形容自己的讲道模式为"专案模式"（project method）。福斯迪克从困扰会众的问题出发，并试图从经文中找出答案。在他著名的文章"讲道到底出了什么问题？"（What's the Matter with Preaching?）中，福斯迪克写道："要先从一个生活问题开始，一个个人的或社会、困扰心灵或混乱意识的真实问题；然后合理地面对这个问题，诚实处理，并借基督的阐明这个问题，使人们能因那篇讲道而更清醒地思考，更高尚地生活。"[6] 讲道主要是针对个人以及他们的疑难，与个人辅导甚为相似。根据福斯迪克的说法，检测一篇讲道好坏的标准，就是看人们有多希望讲道者对其进行个人辅导。

福斯迪克的讲道观在我们文化中的影响甚大。所以我们可见，长久以来的讲道传统都着重"切身需要"。由于这种讲道是以照顾听众的需要为基础，于是其优点就是它的关联

---

[4] Thomas Long, *The Witness of Preaching* (Louisville: Westminster/John Knox, 1989), 33.

[5] 同上。

[6] Harry Emerson Fosdick, "What Is the Matter with Preaching?" *Harper's* 107 (July 1928): 134.

性。在我们这个治疗性时代（therapeutic age），这种讲道广受欢迎。因着福斯迪克的影响，教牧性讲道自此就被认为是用来解决问题的。此类讲道是从困惑个人的问题开始，最后带来合乎心理学的"基督教式"答案。[7] 它一直是"以问题为导向"，倾向给予带来安慰的真理，而非那些带有要求和帮助的安慰。这种视"讲道为群体规模的辅导"，和将讲道及牧养看作"温柔和恳切的关心"的理解，一直影响着过去三十年的文献资料。[8]

基于几个原因，这种教牧性讲道的理解是有问题的。第一，它更多来自于现代治疗性的理解，而非其本身形象的根源——牧羊人的生命。牧羊人的责任不仅要安慰支持所负责的羊群，更要引导、保护和确保羊群整体的福祉。第二，这种教牧性讲道的观点强调接纳，从不审判性言语挑战听众，也从未指导基督徒生活的具体需要。[9] 第三，整个牧养的图景几乎完全是以个人主义的方式来理解："我怎么才能快乐？""我怎么才能拥有幸福的婚姻？"第四，这种形式的教牧讲道难以分辨哪些是听众真正合理的需要，哪些是我们社会自己的需求。第五，牧养形象只是圣经用来表达领袖关注信徒福祉的众多形象之一。

---

[7] Garry D. Stratman, *Pastoral Preaching* (Nashville: Abingdon, 1983), 9.
[8] 同上，16。
[9] Möller（*Seelsorglich Predigen*, 103）论述了当代教牧关怀的"反律法的倾向"（antinomian trend）。在这种关怀中，廉价恩典被广泛应用："任何与神的诫命有冲突的人都被赦免，仿佛耶稣曾对犯奸淫之人说：'走吧，继续做你刚才所做之事，其他人也都是如此行。'"

有关传道人积极关注信徒福祉的职责，新约圣经提倡了各种各样的形象。然而，我们却用牧养形象以偏概全。事实上，保罗也使用了来自家庭生活的（见 林前四 14-21）和建筑的（见 林前三 16-17）形象，将讲道描述为积极参与确保信徒群体福祉的行动。在所有这些术语中，对讲道目的的基本假设是相同的。这种讲道旨为听众带来一些有益的改变，并力图在听众中成为一个催化剂，使他们过一个负责任的生活。[10]

《帖撒罗尼迦前书》中的教牧性传道人保罗

在描述他与自己教会的关系时，保罗从未形容自己为牧者。然而，如果我们说教牧性讲道是一个用来统称所有关心听众需要的讲道的术语，那么保罗的讲道极具教牧性，而他亦是教牧性讲道的合适模范。正如我在第二、三章中所述，保罗喜欢用父母的形象描述他传道人的工作。在《加拉太书》四 19，他形容自己是一个母亲，为信徒群体承受着生产之痛，直到"基督在他们里面成形"。在多数情况下，他更喜欢用父亲的形象描述他持续在教会的工作。这种父亲的角色在《帖撒罗尼迦后书》二 11－12 里最为清晰。保罗此处描述了他在这个初立教会中的事工："正如你们知道的，我们是怎样好像父亲对待儿女一样对待你们各人： 劝勉你们，鼓励你们，叮嘱你们，要你们行事为人，配得上那召你们进入祂的国和荣耀的神。"我们可以设想，保罗在所有城市里的事工，

---

[10] Long, *The Witness of Preaching*, 31.

都同样带有这种牧养的（或父亲的）特质，而且他的信件正是这种教牧对话的延续。

所有保罗书信都是出于牧养的目的而作。它们延续早期的对话，或尝试塑造教会的未来（如《罗马书》），借此确保他的教会的稳定性和活力。由于这种教牧任务在保罗最早的书信，尤其在《帖撒罗尼迦前书》中，特别明显，所以在本章，我希望把重点放在教牧任务上，并且证明在《帖撒罗尼迦前书》中的教牧职责，与保罗在其他书信中的教牧角色是平行的。这封书信特别适用于说明保罗作为教牧性传道人的角色，因为它不具有其他书信的复杂性。与《加拉太书》、《哥林多书信》和《罗马书》不同，这封书信并没有复杂的神学辩论。虽然那些习惯对保罗书信进行广泛镜阅（mirror-reading）的学者认为，这封书信是回应由信徒群体不信任保罗（见 帖前二 1-12）或对基督再临的困惑（见 帖前四 13-五 11）引发的危机，但是信里并没有任何内容清楚指明这种情况。事实上，如果我们照字面理解保罗，他写《帖撒罗尼迦前书》是要回应提摩太所报告的关于帖撒罗尼迦教会的好消息（帖前三 6）。帖撒罗尼迦教会是一个处于敌对环境的小社群，很容易受到骚扰和迫害（帖前三 2）。在鼓励他们要忍受面临的困苦试炼后，提摩太带回了他们信心和爱心的好消息（三 6）。因此，保罗在《帖撒罗尼迦前书》中要与一个表现良好的教会对话，鼓励他们继续持守教会的健康。诚然，保罗鼓励他们照他们现在所行的"更进一步"（四 1-2）。所以，保罗这里所面临的挑战是向一个无需抵挡异端、无需解决争议、无需处理紧要的新问题的教会说话。保罗重点关注教会在面临他们无可避免的各种试验时，如何继续保持健全（见 帖前三 2）。因此，《帖撒罗尼迦前书》实为教牧性讲道的典范。

讲道更大的议程：末世的视角

所有教牧性讲道都旨在满足听众的需求。我们大多数的教牧性讲道都聚焦于解决个体表达的迫切需要或他们所提的问题。如果讲道者一直按着群体和个体的危机来讲道，也许他们不难找到讲道的话题。然而，这种讲道的问题在于，讲道任务缺乏更大议程的支持。

这个更大的议程可见于《帖撒罗尼迦前书》。与所有保罗书信一样，教牧性讲道在《帖撒罗尼迦前书》是由他传道事工的更大议程所塑造的：**持续建立一个等待主耶稣基督再来（Parousia）的群体**。所以，保罗的话并非针对个人，乃是教会。保罗对信徒群体生活的牧养关注，必须要依据他对神胜利的末世异象来理解。教会是神未完成的工作，在对最终胜利的期待中生活。正因为教会是保罗在主耶稣基督再来时的"荣耀和喜乐"（帖前二20；参 林后一14；腓二16），也是对他是否空跑的最终考验（腓二 16；帖前三 5）。所以在无法面对面地看到他们时，保罗对教会的安康深感忧虑（参 林后十一 28），感到自己"成为了孤儿"，被迫与他们分离（ἀπορφανισθέντες，帖前二 17）。他对教会的这份忧虑促使他在面临患难之际，差派提摩太前去勉励他们（三 2-3）。他看见那些阻碍他所作之工能在基督的日子有好结尾的事。所以，保罗的教牧性讲道是一位慈父的表述（参 二 11-12），他明确了解信徒群体的实际需要。他的讲道就是由他积极参与教会和关注他们终极福祉所驱动的。

保罗讲道的更大议程取决于他对神在世上所做之事的确信。[11] 他经常用个人及末世的词汇谈论这个议程，因此，他不断提到他讲道的更大议程。在《帖撒罗尼迦前书》一 10 的信条式宣言里，他叫人回想教会对自身末世的理解是一个等待"儿子"（the Son）归来的群体。在反复提及教会是期盼基督再来的群体时，这一末世角度总为主题（四 13-五 11）。保罗在三 13 和五 23 的祷告，也表现了他讲道的更大议程。他祈求神在耶稣基督再来之前，"使你们完全成圣"（五 23；参 三 13）。他的教导既指出神在成圣里的工作，也指出信徒群体在行为上要负的责任，也就是成圣的具体化（四 3，8）。

在他的书信中，保罗使用了各样图像发展他对牧养工作和讲道之更大议程的理解。上文提到《哥林多前书》中的耕种和建筑的图像，所描述的是一个一直生长、被建造直至终末的信徒群体（林前三 10-17）。[12] 这个图像主张社群比个人更重要，因为整个群体是神的葡萄园（林前三 6-9）和房屋（林前三 16）。为此，牧者的任务就是，在教会等待神的胜利的期间，继续"浇水"和"建造"。对传道者工程的检测，就是看他们所建立的工程能否在最后的试炼中得以保存。在末日，各人工程的质量必将显露（林前三 13-15）。

---

[11] 见 Richard Hays, *The Moral Vision of the New Testament* (San Francisco: HarperSan Francisco, 1996), 32.

[12] 建筑和耕种的异象呼应了耶利米的先知职责（参 耶一 10）。

保罗将建造（οἰκοδομή）的图像延伸至他时常提及的**教化**（οἰκοδομεῖν）个人的职责。他指示所有的参与者要"互相劝勉"（帖前四18），并且他把**教化**立为在决策（参 林前八1；十23）和敬拜（林前十四3–5, 17）情景下个人行为的标准。 与当代许多侧重**教化**个人的用法不同，保罗关注的是将整个信徒群体建造为一个能在主耶稣基督再来时，在终极考验中得以存留的宏伟大厦。[13]

正如我在上文所提到的，在《加拉太书》，保罗是承受着生产之痛的母亲，教会是正在成形的婴儿（直到"基督在他们里面成形"）。母亲的责任是参与婴儿的成形。在《哥林多后书》，保罗是新娘的父亲，在最后要将他的女儿如同贞洁的童女献给基督（林后十一2）。在《罗马书》（十二2）和《哥林多后书》（三18），保罗运用了转变的词语描述信徒群体的发展是一个被重新塑造的过程。在教会等待主耶稣基督再来的期间，保罗把他们想像为正在被转变的末世群体（参 林前一8）。 所以，他讲道的任务就是指导他的群体转变为基督的形象。对保罗而言，讲道是要与神共同参与信仰群体形成的工作。当神的话语在信徒中"作工"时，信仰群体就会被改变（帖前二13）。

末世的视角为保罗的教牧性讲道提供了更大的议程。保罗若是教牧性讲道的模范，那么他讲道的内容就是按群体需

---

[13] 见 Charles Campbell, *Preaching Jesus* (Grand Rapids: Eerdmans, 1997), 222. 坎贝尔（Campbell）区分了对个体的教化和对群体的教化。这个区分对讨论后现代侧重于个体经验很关键："讲道聚焦个体经验事件，其中首要功能是个体的重大转变。这些事件仍旧在基本上为现代（并非自由的）美式的构架中发挥作用。"

要而定的。然而，这些需要是指他们的终极需要，而非群体对当下宁静或个人满足的渴望。末世性讲道把会众的注意力不仅集中于个人未来的事情，更是在与神有关的未来上，因为这正影响着当下。[14] 真正末世性讲道会证明，我们所委身之事和价值观都是临时的，并且提醒我们，与神有关的未来切换了我们优先考虑之事的视角。以神的最终目的为焦点刚好抗衡以个人满足和享乐为目标的自恋文化，挑战我们要抱着对未来的期望，信实和道德地生活。

末世性讲道是当代大多数讲道学思想缺失的维度。[15] 保罗的讲道提醒人们，为确保讲道的重点是面向神的胜利，教牧性讲道要超越当下的问题。这个终末的视角是一种团体视野，使教会对自己的旅程有共同异象，共同目标，以及共同弃绝自恋文化。

建立共同身份

在任何情况下，保罗讲道事工的议程都是为了要形成信徒群体。因此，尽管《帖撒罗尼迦前书》没有谈论教会危机，但是保罗延续构建基督徒群体的任务；这一任务始于他在帖

---

[14] Thomas Long, "Preaching God's Future: The Eschatological Context of Christian Proclamation," in *Sharing Heaven's Music: The Heart of Christian Preaching: Essays in Honor of James Earl Massey*, ed. Barry L. Callen (Nashville: Abingdon, 1995), 195.

[15] 同上。隆多马（Thomas Long）指出当代末世论进路中的三个根本扭曲。第一是基要主义的讲道，他绘制、计算和编排现今发生的事，为要密切留意末日迹象。第二个是唯独专注个体的末世。第三个是对末世用语的主流自由派式窘迫。

撒罗尼迦最初的讲道。这项工作任务包括回应一直位于以色列意识中心的基本问题：我们是谁，我们要做什么？保罗借写作来建立共同意识，并回答有关信徒群体身份的共同问题。他不是写信给个人，而是写给"帖撒罗尼迦、在父神和主耶稣基督里的教会（ἐκκλησία）"（一1）。他用以色列历史中的语言来称呼他们，称他们为"神所爱的"和"蒙拣选的"（一4；作者自译）。这种措辞呼应了《申命记》七6-7拣选的术语。根据这段经文，以色列身为神的"选民"是基于神爱祂的子民这一事实。这种有关拣选的独特措辞也出现在书信的后段，就是保罗呼吁他的听众要过"配得上那召你们进入祂的国和荣耀的神"的生活（二12）。[16]

由于保罗的信徒群体在社会中是少数人群，所以他的讲道透过区分群体与周围文化，进一步强化了他们的身份。他以情感纽带与读者相联（帖前二17；二19；二20）。他将非基督徒的主流社会描述为"别人"（οἱ λοιποί，四13；五6）和"不认识神的外邦人"（四5）。[17] 因此，他的讲道强化了他们作为一个与所处文化分离的基督徒群体的身份。

---

[16] 保罗一贯地用源于以色列身份地位的术语确立他的信仰群体的身份：圣的（罗一7；十六2，15；林前一2；六12；十四33；十六15；林后一1；十三12；腓一1；四21-22）；神的儿女（腓二15/申三十二5）；被拣选的（罗八33；帖前一4）；蒙爱的（帖前一4）；蒙召的（帖前二12；五24）；被知道的（林前八3；加四9）。这些用语使信徒群体的身份与他们所处的文化泾渭分明。

[17] 这是保罗书信的一贯特征。请留意保罗提到的"教外人"（οἱ ἔξω，林前五12，13），就是 ἄπιστοι, ἄδικοι。相较之下，少数群体的文化有属天的国度（腓三20；πολίτευμα）。他们是神的殿

整封信的形式都说明，对于保罗而言，群体精神基于人们的身份。在保罗转向指导建构信徒群体的凝聚力（第四至五章）前，他先重新确认信徒群体的核心身份。作为少数族群，他们与主流社会有不可避免的张力（见二 1-2；三 1-5）。这个信徒群体跟所有少数族群一样，都需要重新确认身份。保罗在前三章通过回忆他与读者所分享的以及他们彼此分享的共同记忆，重新确认他们的身份。开首的感恩以他因信徒的现状而感谢（一 2-3）开始，再转到追忆他们的共同历史。保罗在一 5-10 描述的并非一种个人回应，而是全体对福音的回应。在这种回应中，整个信徒群体以一种非同寻常的方式"离弃偶像归向神"（一 9），成为了当时其他地区信徒的榜样（一 7）。保罗向读者提倡的抗衡文化的存在方式，从他们开始成立时就已很明显。保罗诉诸他们的共同记忆，回想他们的过去，是为要专注于他们的未来。因此，保罗回想起那些情境，就是在回应他讲道的过程中，个体组成了一个信仰群体。

保罗回忆在他们当中的事工（二 1-12），继而回想他与这个信仰群体间的关系。这是要提醒他们，这封书信的内容并非标新立异。在他们基督徒生命中的开端，保罗就已献身于福音和这个信仰群体。他回忆作为他们共同生活基础的福音，亦是保罗向他们传递的信任（二 5）。保罗将他个人的关系描述为"乳养者"（二 7），和一个鼓励他们生活要"配得

（林前三 16），神得救的人（σωζόμενοι；林前一 18；林后二 15）。参 Michael Wolter, "Ethos und Identität in paulinischen Gemeinden," *NTS* 43 (1997): 434.

上神"的父亲（二 12）。在 二 1-12，他回忆了自己的个人行为，表明他一直是他期望听众应有之行为的模范。[18] 所以，他们一起作为保罗的孩子的过往，以及他们对促使他们存在的话语（word）的记忆，成了他们身份的根基。

持续复述信仰群体在信仰上的进展（二 13-三 10），也能提醒听众他们作为信仰之人的历史，并为在第四至五章中定义信仰群体界限的具体教导提供背景。保罗提醒教会他们对福音的共同回应，他们在信心与爱心中的忍耐（三 6），以及与保罗的亲密关系。

偶尔出现在《帖撒罗尼迦前书》中的信仰声明（creedal statements），反映了保罗试图通过回忆信徒从起初就相信的内容，强化信仰群体的身份。借着回忆他们的悔改，就是他们"离弃偶像归向神……等候祂的儿子从天降临，就是神使祂从死人中复活的"（一 9-10），保罗实则提醒信仰群体他们的信仰。在四 14，保罗提醒他们拥有他们的邻舍所缺乏的指望，以此强化信仰群体的身份。这指望是，"我们若信耶稣死了，又复活了，照样，也应该相信那些靠着耶稣已经睡了的人，神必定把他们和耶稣一同带来"（四 14）。信仰群体一直所相信的，正是该群体团结的基础和身份的标志。

---

[18] 保罗论到他的行为并非污秽（ἀκαθαρσία；二 3）时，就预见了他在四 7 呼吁帖撒罗尼迦信徒的行为不要沾染污秽（ἀκαθαρσία）。他论到自己并未贪婪（πλεονέξια）他人便宜时，就预见了他在四 6 教导信徒不要欺负（πλεονέξια）他的弟兄。保罗回忆自己亲手做工（二 9-12）时，就预见了他在四 9-12 对会众的教导。见 Abraham J. Malherbe, *Paul and the Thessalonians* (Philadelphia: Fortress, 1987), 75.

保罗的宣讲提醒我们，讲道涉及群体意识（corporate consciousness）。讲道不是团体规模的辅导。诚如弗雷德·克拉多克（Fred Craddock）所言，讲道的对象不是一位观众，而是一群会众。在当今个人主义的社会里，要形成共同身份并非易事。

> 按其含意，盟约式讲道（covenantal preaching）是要离开个人性聆听，转向更加群体性的领受。这亦是讲道者向信仰群体宣讲的方式。这看似显而易见，但在一个如此高度重视个人权利、反对任何群体限制的社会中，这可能比我们所能意想到的更加反文化。[19]

透过共同语言，讲道参与了"社群建构"（social construction），吸引个人和小组形成共同的身份。保罗书信正是如此，讲章处理了信仰群体所面临的问题。就如我在第二章所提及的，讲章诉诸群体的传统（见 林前十一 2）和共同的回忆，以此解释当下挑战信仰群体身份的处境。沃尔特·布鲁格曼（Walter Brueggemann）如此描述教会这种共同身份："作为一个身处危机的群体，会众再次聚集决定其身份和呼召。自前次聚会以来，这些聚集的人们就被其他诠释

---

[19] Arthur Van Seters, "The Problematic of Preaching in the Third Millennium," *Interpretation* 45 (1991): 271.

的声音所轰炸,这些声音同样想要表达他们对其身份和呼召的理解。"[20]

保罗的教牧性讲道面向那些已经回应福音、并构成一个群体意识的个人。保罗写信是为了指导和坚固会众。他并不是设想一个单独的读者(或观众),在舒适的家中静静地阅读这些信。[21] 正如在他所有书信中一样,保罗在这里与信仰群体的身份对话。鉴于各种原因,现代对教牧性讲道的理解,很大程度上缺少了这一纬度。第一,保罗明确划分教会与世界,这使得共同群体需要一个支援的体系。这个群体会认识到其信仰的共同本质,因为那些组成这个群体的个体是离开了自己的家庭,成为这个新家庭的一分子。第二,家庭教会提供了我们的聚会所不能提供的亲密关系。第三,古代群体所共享的故事包含了痛苦和苦难,这产生了一个我们无法分享的群体意识。

保罗的讲道提醒我们,教牧性讲道是针对教会的。讲道是要以教会的方式而行,是建立在一个假设上,即整体听众愿意作为一个群体去相信和行事。虽然他们彼此属于对方,又属于基督,但他们迫切地需要知道并察觉其中的意味。他们需要发现委身基督身体的意义。[22] 教牧性讲道要离开个人

---

[20] Walter Brueggemann, "The Social Nature of the Biblical Text for Preaching," in *Preaching as a Social Act*, ed. Arthur Van Seters (Nashville: Abingdon, 1988), 139.

[21] Richard Lischer, "The Interrupted Sermon," *Interpretation* 50 (1996): 177.

[22] Van Seters, "The Problematic of Preaching in the Third Millennium," 270.

性聆听，转向更加群体性的领受。认为教牧性讲道的对象是教会，这似乎是显而易见的，因为大多数的讲道都在聚会中进行。然而，在我们治疗性文化（therapeutic culture）中，讲道不再明显针对共同心系之事，因为当代城市教会不太可能有共同的身份。消费者都在寻找一些能满足他们自己需求的教会，和那些能回应他们个人对自尊和意义的寻索的传道人。此时，那些建立共同身份的讲道是反文化的。[23]

威廉·韦利蒙（William Willimon）将建立群体意识这个任务形容为"把观众变成一个教会"。[24] 他描述向消费者讲道会有独特的挑战，他们视周日教会为消费及满足他们需要的场合，并会询问讲章如何符合他们的期望；然而，这些期望都是在我们文化中所形成的。有些人会根据创意或新见解判断讲道，其他人则查探讲章是否与他们在自己世界中所面临的问题相关。但是，他们并不习惯以一个共同群体的身份去聆听。在保罗的时代，要建立群体性聆听（corporate listening）是一项挑战，对今日教牧性讲道亦然。

保罗在《帖撒罗尼迦前书》的讲道事工为当代传道人提供了一个重要模范。保罗基督徒经验群体特性的强调，挑战了一些基督教信仰根深蒂固的观点。这些看法认为，门徒身份包括对基督徒生活个人主义式而非群体性理解。这种基督教信仰的个人主义式理解往往与美式"极致个人"（rugged individual）的理想互相结合，生发一种拒绝彻底委身群体的

---

[23] 同上。

[24] William Willimon, "Turning an Audience into a Church," *Leadership* 15 (1994): 28.

心态。[25] 因此，当代听众的主要身份是由自我实现和个人自由的理想所塑造的。如果我们的讲道要建立群体意识，那么将会面临严峻的挑战。也许如唐慕华（Marva Dawn）所言，我们之所以错失讲道的群体层面，是因为英语并没有区分单数的"你"（you）和复数的"你们"（you）。[26] 此外，我们的治疗性文化，以及该文化对个人需求的重视，也导致我们错过了信仰的群体层面。在这种情况下，牧者被授权去领导信仰群体参与建构现实。这项工作任务是一个持续不断的过程。借此，传道人要教导信仰群体认识到，神已经呼召众多个人进入一个身体；在这个身体中，他们是基督的肢体，并且互为肢体。

共同群体与群内语言

如果信仰群体没有建立自己独特的词汇，群体性聆听亦无法建立。在宣读《帖撒罗尼迦前书》时，当下聚会有新外邦信徒以及其他访问者在场，保罗并不满足于只用他们所知道的语言和术语讲述。事实上，《帖撒罗尼迦前书》中有许多"群内语言"（insider language）的例子，这些语言对那些先前没有接受信仰教导的人而言，无法立即理解。这些术语

---

[25] Rober N. Bellah et al., in *Habits of the Heart* (Berkeley: Univ. of California Press, 1985) 描述了此类个人主义已然渗透美式生活。美式个人主义同时导致对群体公民性和宗教性委身的丧失。

[26] Marva Dawn, *Reaching Out without Dumbing Down* (Grand Rapids: Eerdmans, 1995), 212.

包括"拣选"(一4,作者自译)、"将来的愤怒"(一10)、"再来"(παρουσία,二19),以及经常提到的成圣(三13;四3,7;五23)。这些"特殊的言词"将他们与外面的社会区分。借着使他们初步理解这些言词,强化了信仰群体的共同身份。[27] 在之后的书信中,保罗大量解释了这些分类,深化了这个词汇体系。例如,他在《哥林多前书》中详细阐述了成圣的主题(特别是在《哥林多前书》五1－十一1中对教内人和教外人的根本性区分)。在《罗马书》,他详尽阐述神的忿怒(一18–32)和拣选(第九至十一章)这两个主题。所以对保罗而言,培育基督徒的一个重要方面就是,从以色列人的经验中提取教导的新词汇。保罗与外在世界的交流,以及他与希腊罗马听众建立桥梁的需要,并没有阻拦他以独特论述与信徒对话。

许多关于敬拜的当代文献资料都聚焦于我们社会对圣经的缺乏认知,和为那些不懂基督教用语之人翻译我们的术语的需要。毋庸置疑,保罗有能力将话语翻译成广泛社会的语言,他亦在许多情况下,用自己的文化语言形式去论述。然而,翻译的需要并没有阻拦他教导聆听者初步了解信仰群体的"特殊的言词",因为凡有凝聚力的信仰群体都有一个特点,就是他们有自己的术语。乔治·林贝克(George Lindbeck)曾写道:"文化和语言的形态形成、塑造了人类

---

[27] 见 William Willimon, *Peculiar Speech* (Grand Rapids: Eerdmans, 1992), 6:"无论我们讲道形式如何,我们这些传道人绝对不能背弃洗礼的真理。我们就是在独特的论述环境中传讲这项真理。我们谈论的是有益之事。"

经验；在某种意义上，前者构成了后者。"他又补充道："除非我们学习使用适当的符号系统，否则有许多思想我们无法明白，许多观点我们无法理解，许多实际我们无法意识到。"[28] 根据林贝克，语言"是一个塑造个人主观性的群体现象，而非单单是这些主观性的表现。"[29] 群体能借着使用群内语言定义自身，并建立共同的期望。他们会讲述有助于促进群体身份的故事。透过讲述故事中的一小部分，有时甚至使用一个单词或图像，唤起群体的共同回忆。[30] 由于并非所有基督徒经历都能被翻译，所以保罗引导听众对他们独特的群内语言有所了解。

教牧性讲道的一个主要挑战是，引导会众能充分使用自己的语言。依李思克（Lischer）所言，因信仰群体失去了其独特的语言，讲道在这方面的特点也失落了。"在过去五十年里，一波又一波的社会、政治和文化发展，令教会不再是名义上'基督教'国家和信徒的语言大本营（linguistic base camp）；这些信徒发现，彼此越来越难以交谈。"李思克认为，教会修改了自己的故事和信条，以适应世俗的意识形态，并在宗教的问题上拥护所谓的中立，视之为公共对话的准则。

---

[28] George Lindbeck, *The Nature of Doctrine* (Philadelphia: Westminster, 1984), 34.

[29] 同上，33。

[30] Ronald Allen, "The Social Function of Language in Preaching," in *Preaching as a Social Act*, 169.

"在这一切语言的行动中,教会认为自己是某类大本营。毕竟,它是用语言去体验的发起者。"[31]

教牧性讲道:建立群体伦理规范

作为一个在等待主耶稣基督的再来(Parousia)中被成圣(帖前三 13;五 23)、从神的话语和圣灵领受能力(四 8)的群体,教会的挑战是要过"配得上神"的生活(二 12)。如第二章所论,保罗起初对初信之人的教导包含了具体的道德教导。这些道德规范为群体提供了身份的标志和界线。保罗的讲道超越了对个人的教导,转向用群体性词汇描述道德的伦理命令。他的听众则学会提问"我们该怎么做?",而不是"我该怎么做?"[32]

保罗对初信者的教牧性讲道是教义性教导(catechetical instruction),向从未适应这运动的群体规范的听众,详细讲述基督徒生活的具体要求。他假定外邦初信者并不了解新群体的规范。[33] 他表示,他们的身份、所共享的故事和他们的行为紧密结合,这赋予他们一种凝聚力,能在充满敌意的环

---

[31] Lischer, "The Interrupted Sermon," 171.

[32] Hays, *Moral Vision*, 197.

[33] 保罗特定的道德要求与希腊、犹太式道德期望有许多接触点。这一事实令人怀疑保罗对他的教会所要求的伦理独特性。然而,保罗所教导伦理的抗文化性,在于他将特定要求连于他从基督徒故事提取的神学论述的方式。教会是末世群体,被呼召成为神和好事工的见证者。基督的十字架定义了教会共有的道德异象。见 Hays, *Moral Vision*, 41.

境中，以少数群体生活。那些罪行和美德的清单（见 林前六 9-11；加五 19-26；参 林后十二 20-21），可能源于保罗早前的教义教导。这些清单为初信者提供了一个框架，去了解群体的期望，以及违反这些规范的相关处罚。这种传授群体规范的做法，为数个世纪的教牧性讲道提供了模范。[34]

《帖撒罗尼迦前书》的开首句展示了群体身份与其价值观之间的紧密关系。在开首的感恩中，保罗为他们"信心的工作，爱心的劳苦和因盼望……而有的坚忍"（一3）感谢，借此期望将书信的重点放在群体的价值观上（第四至五章）。信望爱的三元组成为一条联合全书的主线，教义教导则将这些核心基督教价值引入教会。保罗在此为群体的成长而感恩。之后，他又忆起提摩太所带来有关他们"信心和爱心"的好消息（帖前三6）。这篇感恩语是保罗祷告的前奏，他祈求神叫他们彼此相爱的心，在主耶稣基督再来之前得以加增（三12），并且以劝勉指示他们要"披上信和爱的胸甲，戴上救恩的盼望作头盔"（五8）。在所有保罗书信中，信望爱这三元组是他劝勉的核心内容。他在《帖撒罗尼迦前书》的开首和结尾都提及这三元组。这个事实说明，保罗讲道的更大议程是要建立一个由这些价值联合形成的群体。

---

[34] 有关道德教导形式下的教义性讲道的传统，见 Hughes Oliphant Old, *The Reading and Preaching of the Scriptures in the Worship of the Christian Church*, vol. 1, *The Biblical Period*, and vol. 2, *The Patristic Age*. 依据欧德（Old）所言，最早的基督教教义内容是道德性教导。有争议的保罗书信中有向更加详细的教导发展的趋势。在这些书信中，具体的伦理教导面向家庭成员。这种趋势存续于《彼得前书》和教父文献（Old, *Reading and Preaching of the Scriptures*, 1.257）。

就像以色列由哈加达（Haggadah）和哈拉卡（Halakhah）——它的故事和行为准则——维系，这个少数群体的文化也由它的故事和行为准则所支撑，这两样都是保罗在最初到访时就已建立的，现在在信中予以强化。群体的身份正是它价值观的基础。此处一个显著的事实是，保罗与帖撒罗尼迦信徒的交流明显缺乏原创性。当他建立群体身份时，他不断提醒教会他先前的教导，并透过回想这个教导（四 1-2）来介绍行为准则（四 1-2）。他使用传统语言敦促信徒群体要持守道德传统。之后，他详细说明这个群体价值观的本质。在性行为上，他们"不像外邦人"般生活（四5）。他们的抗文化身份（countercultural identity）带来的是抗文化的行为。保罗用具体的词语描述成圣的本质：成圣包括远避淫行（πορνεία）。他坚持认为每个人都要"以圣洁和尊荣与自己的妻子相处"（四4；作者自译）。借此，他道出了这个信徒群体预期的应有行为。[35] 所以，他的教牧性讲道包括重新确认已被信仰群体所接受的行为标准。正如他们的群体身份根植于以色列人的拣选和成圣，这些行为标准也深植于保罗时期犹太散居者（diaspora Jews）一贯肯定道德教导。[36] 尽管有一些希腊罗马的道德主义者强调情欲控制和一夫一妻制的重

---

[35] 对《帖撒罗尼迦前书》四4的解释，见 O. Larry Yarbrough, *Not Like the Gentiles: Marriage Rules in the Letters of Paul*, SBLDS 80 (Atlanta: Scholars Press, 1985), 68-87.
[36] 同上，76-77。

要性[37]，但是保罗对外邦人的道德描写采纳了对外邦人行为的普遍描述；这种描述可见于保罗当时犹太人对外邦人的道德描述（见 罗一 18-32）。故此，他详细教导外邦初信者，性道德是成圣的表现。

在随后的信件中，保罗将详细阐述与性行为有关的群体期望，并要求他的教会维护恰当行为的界线。当哥林多教会的信徒质疑保罗原来的教导时（林前七1），他通过给予具体处境的指导（林前六12-七40），详细说明他最初的命令。在《罗马书》，他透过比对那些招致神忿怒的性行为（罗一18-32），和以控制情欲为标记的新基督徒生活，阐述了这一主题（罗六12-七25）。

群体身份和行为之间的关系，也可见于保罗对弟兄之爱（φιλαδελφία）的强调（四 9-12）。保罗在《帖撒罗尼迦前书》中始终称他的听众为"弟兄"（ἀδελφοί；《新修订标准本》中为"弟兄和姊妹"）。[38] 在开首的感恩中，他为信徒群体中所彰显的"爱心的劳苦"（一 3）而感谢。他在三 12 祈求神使他们"彼此相爱的心，和爱众人的心，都充充足足，多而又多"。以这些提醒为序言，保罗继而挑战信徒要实践"弟兄之爱"，行事为人要像一个家庭。保罗团结曾经彼此

---

[37] 同上，31-63。相关文献，参 Abraham J. Malherbe, *Moral Exhortation: A Greco-Roman Sourcebook*, LEC (Philadelphia: Westminster, 1986), 152-61.

[38] 一 4；二 1, 9, 14, 17；三 7；四 1, 10, 13；五 1, 4, 12, 14, 25。见 Malherbe, *Paul and the Thessalonians*, 47-52 论述了保罗对表达亲属关系的词汇的使用。

陌生的个体,在他们当中建立家庭的观念。他的听众都知道——或者以为他们知道——何为"弟兄之爱"。古时的作家称兄弟之爱为一种最崇高的美德。借着具体指示在新群体中如家庭一样生活,保罗改变他们对这种美德的理解。因此,保罗的教牧任务是塑造作为家庭之信徒群体的共同身份,并推动一套家庭生活的伦理。

保罗的教牧任务也包括建立一个即使保罗不在场,信徒群体仍可以继续生活的环境。《帖撒罗尼迦前书》的后半部分,明显反复提及信徒群体内彼此牧养的工作。四 13-五 11 的末世教导,虽被许多人视为整卷书信的首要主题,但实际上其背景正是教牧性教导。相比他教牧性地关注信徒群体对将来的忧虑,保罗不甚在意写下主耶稣基督再来前会发生的连续事件。他自己以教牧的身份写下这些教导,希望免去信徒群体的忧伤(帖前四 13)。他在四 17 总结了主耶稣基督再来的肯定之言,并鼓励他的听众要"用这些话彼此劝慰"。同样,他在五 1-11 以"所以,你们应该彼此劝慰,互相造就,正如你们一向所行的",总结他对信徒群体之盼望的肯定。保罗的教牧任务是让信徒群体有份于持续"彼此劝慰"的教牧行动。

保罗继续劝告信徒群体,要他们敬重领袖,彼此和睦共处(五 12-13),警戒无规矩之人并容忍软弱之人(五 14)。这些劝告进一步显明,教牧性讲道是让信徒群体开始参与彼此劝慰的教牧工作。[39] 教牧性的讲道强烈地塑造了信徒群体

---

[39] Abraham J. Malherbe, "'Pastoral Care' in the Thessalonian Church," *NTS* 36 (1990): 388-91.

的共同身份,以至于成员之间持续的教牧行动能够维持整个群体。

保罗书信的恒定特征是,他的信息往往从讲述神学进展到讲述源于福音的道德生活。保罗的讲话经常加入群体生活规范的命令。他意识到自己的听众生活在异教文化中,对基督教信仰的具体要求知之甚少。因此,《罗马书》和《加拉太书》的结尾部分,详细讲述了他在行为上对听众的期待;《哥林多前后书》和《腓立比书》详细解释了讨神喜悦的生活。

保罗对信徒群体的教导说明,教牧性讲道不仅涉及接纳和理解,还包括为生活在群体内的人确立具体的期望。在一个治疗性且多元化、又重视个人自由的文化中,建立信徒群体的规范对传道人而言是一个特殊的挑战。如果基督徒只由新教对恩典的强调和美国对个人权利的重视所塑造,那么命令性语气(imperative mood)在他们听来或许是律法主义(legalistic)和压迫性的。那些作为个人消费者的听众很可能厌恶此类教牧性讲道。听众并不希望面对那些将他们与整个社会隔离,或抑制他们自由的群体规范。乔治·林贝克(George Lindbeck)如此写道:

> 现代者的心境反感群体规范这一个概念。正如知识社会学家的解释,这种反感被视为宗教和意识形态多元化、以及社会流动性等因素的产物……群体有权利坚持信仰和实践准则作为成员身份的观点,则被认为对自我自

由的一种无法忍受的侵犯。传统的准则与广泛社会主流价值之间日益增长的冲突,强化了这种反应。这些主流价值经由教育、大众媒体和个人接触得以传播。[40]

保罗的教牧性讲道,教导各类"离弃偶像归向神"的人(帖前一9),如何作为一个信徒群体而生活。这种讲道是包括了对信徒群体最终福祉的父母般关切,为神的子民建立一个对神终极旨意的末世性异象,并教导信徒活出"配得上神"的生活。因此,教牧性讲道并不只限于传道人回应可见的需要或个人提出的问题,还取决于更大的讲道议程,即:一群共同迈向他们在神里面的命运的人所持有的末世异象。对教牧性讲道质量的最终考验,是信仰群体有否转变为一群圣洁的子民。事实上,保罗在《帖撒罗尼迦前书》五23的祝祷,正是教牧性讲道的议程:"愿赐平安的神亲自使你们完全成圣,又愿你们整个人,灵、魂和身体都得蒙保守,在我们的主耶稣基督再来的时候,无可指摘。"

保罗的讲道不仅是为了应对眼前的危机。尽管他的讲道有时是回应信徒群体的问题,但他的内容取决于一个更大的议程。这个议程要求不断提醒信徒群体的身份,他们是一群分别之人,被呼召活出抗文化的生活。在他的讲道任务中,保罗参与了"社会建构"。因为他知道教会在面对另一个讲述不同故事的社会,他根据信徒的共同记忆,为他的信徒群体创立一个新的身份。他借由这一个身份和价值观,联合这

---

[40] Lindbeck, *The Nature of Doctrine*, 77.

些彼此陌生之人，向他们指明另一个世界，并详细教导他们群体性回应神的拯救作为。[41]

将保罗的道德性讲道平移到当代处境，并非易事。保罗没有提供大量的判例法涵盖我们现今面临的许多问题。例如，他对蒙头或吃祭偶像之物的建议，似乎不能成为当代讲道的模范。然而在更深层意义上，教会若要持守身份，我们会发现这种教牧性讲道既是可能，也是必要的。传道人要协助教会共同回应我们的紧迫问题。生活在这个群体中的人都知道，基督舍己之爱的故事不单是他们的基础性故事，更是群体生活的规范，亦是对他们利己主义的挑战。有听过圣经故事的听众都已学会不可自视高大，看自己所当看的（罗十二3）。他们已学会，他人的生命——甚至是限制我们个人自由之人的生命——比我们自己的生命更重要。他们从基督教讲道中发掘能帮助他们保持婚姻誓言和摆脱破坏家庭和群体生活的自私野心的内容。即使道德问题的答案并非总是清楚，教牧性讲道仍在挑战会众，提出道德问题，并依照基督的福音讨论这些问题。[42]

---

[41] 参 Peter Berger and Thomas Luckmann, *The Social Construction of Reality: A Treatise in the Sociology of Knowledge* (New York: Anchor Books, 1991), 107.

[42] 有关在当代教会使用新约伦理规范的诠释学挑战，见 Hays, *Moral Vision*, 291-312.

第五章 自我申辩：讲道与神学

保罗的典范

反思神学性讲道

最近,《领导力》杂志里的一幅漫画描绘了这样一个场景,传道人面对着这样一批会众,他们坐在椅子上,每人拿着一个遥控器准备换台。[1] 这种对讲道的描绘无疑是那些向被电视影响的一代人传讲的讲道者的认知。如同我在第三章所说,在电视的影响下,传道人面临着适应文化的挑战,而这种文化与平时的理性论述不同。[2] 基督教群体不可避免地会受到这种文化的影响,并对塑造了传统讲道的线性推理(linear reasoning)置若罔闻,对基督教信息也一窍不通。如同政客和教育工作者一般,传道人要维持会友的数量并深入非教会群体。迫于这种压力,他们也想知道,在听众拿着遥控器不耐烦地坐着,随时都可能在顿觉无聊之时转去其他频道的大环境下,如何传达信息。如我在引言所论,听众对反思性论述的不耐烦,让叙事成为了另一种格外吸引传道人的讲道方式。

---

[1] *Leadership* 15 (1994): 29.
[2] 见 Richard Jensen, *Thinking in Story: Preaching in a Post-literate Age* (Lima, Ohio: CSS, 1993), 45-58.

我们面对的消费者习惯了货比三家。他们怎样选择电器和汽车，就怎样选择自己的教会。[3] 新一代教会成员的通病就是对宗派委身的缺失，这导致会众不能因同一种神学传统或同一个教义基础合一。[4] 他们联合的基础或许是共有的社会阶级、业余爱好、抑或一种特别的礼拜仪式。由此看来，传道人所面对的听众，只将教义视为一种偏好的事物。在这些情况下，传道人刻意设计自己的讲道，确保听众们不会切换频道，并尝试营造一个能最大限度吸引观众的氛围。这样迎合观众期望的传道人相当于是希望在娱乐市场里争得一席之地。

当讲道取决于听众的评价时，神学反思不见得还有举足轻重的地位，因为少有人来教会寻求对信仰伟大主题的阐释。用哈里·艾默森·福斯迪克（Harry Emerson Fosdick）的话说，如果少有人想要了解"耶布斯人身上发生了什么"，[5] 那么在现代就更少有人来到教会想要了解对基督教信仰重大主题的阐释。神学总让人觉得无关紧要和虚无缥缈。"门外汉常常将神学视为夸夸其谈，纸上谈兵的空话，如同空中楼阁，不

---

[3] Robert G. Hughes and Robert Kysar, *Preaching Doctrine in the Twentieth-first Century* (Minneapolis: Fortress, 1907), 3. 另见 Robert N. Bellah et al., *The Good Society* (New York: Knopf, 1992), 183.

[4] Hughes and Kysar, *Preaching Doctrine*, 3. 见 Bellah et al., *The Good Society*, 202-4 论述了主流教会中的"去认信化"（deconfessionalizing）。这些作者描述了一种神学多元主义，它导致一个"核心教会"减少了神学对话和教育。

[5] Harry Emerson Fosdick, "What Is the Matter with Preaching?" *Harper's* 107 (July 1928): 135.

切实际。"[6] 一种流行的观点是，神学反思属于学术界而非主日讲道。

如果牧师和教会仅仅将神学反思和学术联系在一起，那么历代神学教育工作者和出版商都要承担一定的责任。在神学院里，讲道学、神学研究和圣经研究分属不同学科，都分门别派。当这些科目被看成单独的课程时，学者主要是回应学者。他们将整合的任务留给传道人，而传道人却缺少将神学反思与讲道整合的模型。因此，那些认为讲道和神学分属两个不同世界的传道人，便会在尝试传讲神学之事上犹豫不决。

保罗的典范

如我在引言所论，神学反思是讲道的一个重要方面。我在前一章也论证了，保罗书信不单是教牧交流，也是信仰寻求理解的范例。现代的读者很可能惊异于大篇幅的神学论证不时打断用于在会众中宣读的书信。这些论证反映了保罗对自己听众的高度期待。毫无疑问，他认为他的听众会理解自己错综复杂的论述。但是，他的神学反思并非虚无缥缈或无关紧要。尽管他的书信可能给出了详细的神学论证，但保罗从未综合且系统化地论述基督教信仰的重大教义。他从未综合全面地传讲道成肉身或者赎罪。他的神学论述都是在会众

---

[6] David Wells, *No Place for Truth* (Grand Rapids: Eerdmans, 1993), 97; 引自 Ian Ramsey, *Models for Divine Activity* (London: SCM, 1973), 1.

中出现疑难或有危及教会身份问题之时呈现的。保罗的神学论述与他的牧教交流相互交织。从本质上来说，他面临的问题终究是神学性的。

尽管保罗书信一贯重复会众早已知道的教导，就如我们在《帖撒罗尼迦前书》中所见，但这些书信不仅仅是简单地重复先前的教导。当我们注意保罗书信的顺序时，我们或能察觉他神学论证的进程。《帖撒罗尼迦前书》归根结底是一封以教牧为目的的书信。在这封书信中，保罗为自己的听众介绍了神学类别。他的教义指导涵盖了对教会论的教导，如他所言，"在父神和主耶稣里的 ἐκκλησία"（帖前一1），并回忆了他们的"拣选"（帖前一4，作者自译）。借着强调拣选和成圣（帖前二13；四3，7；五23），保罗将帖撒罗尼迦的会众等同于旧约中神拣选并侍奉祂的子民。他对基督徒盼望的肯定也给听众一种末世性领悟（帖前一9-10；四13-5：11）；这种领悟植根于依据圣经对神救赎目的的理解。虽然保罗没有系统性解释这些教义，但他给听众提供了一个知识框架去理解他们的信仰。他为听众介绍了一套神学词汇，并提供了一个清晰连贯的知识框架。因他并不单是回应一个危机，更是立下根基。他让人一窥自己神学教导中一致连贯的中心内容。[7]

在之后的书信中，保罗与教会进行一种广泛交谈；在这些教会中，他的教导产生了新的问题，需要澄清。当危机和

---

[7] 见 J. Christiaan Beker, *Paul the Apostle: The Triumph of God in Life and Thought* (Philadelphia: Fortress, 1980), 23-93; 这里论述了保罗思想中连贯性和偶然性的种类。

新问题出现时，保罗会阐述自己最初的神学教导。在这里，他的神学论述因情况而异；这些偶然的处境需要保罗在各种新情形下，清晰传达神学。由于教会从未独立于自己的文化和层出不穷的问题，所以她们的持续存在意味着要不断追问，基督教信息如何应对新的处境。这种延伸的对话以神学反思的形式充斥着保罗书信。新的问题和挑战要求对福音进行神学反思。保罗持续或有时略显冗长的论证预设了，信仰群体能明白他的论点。比如在《加拉太书》和《罗马书》里，他提出了一个持久不变的观点，就是福音对同时接纳犹太人和外邦人为神子民的意义。保罗对神之义主题的阐释，其实是回应教会当时所面临关于接纳外邦人为神子民的问题。如果我们依保罗书信的顺序而下，就会发现《加拉太书》发展了神之义的主题（加二21；三6，21；五5），《罗马书》又更深刻地展开这一主题。保罗从未以抽象的词汇阐述因信称义的教义。他的神学论点源于教会生活的具体处境。一些看似相当简单的问题——比如犹太人与外邦人间的同桌团契——却无法通过少数服从多数的票决原则，或双方让步的方式得以解决。这些问题在本质上都有深刻的神学性。

保罗并未系统性处理"道成肉身"。然而，《腓立比书》二6-11的"基督颂歌"（Christ hymn）清晰描述了那位为他人"虚己"者的故事。在这个例子中，保罗也是在腓立比教会面对教牧问题的背景下，引述了这首颂歌。当他鼓励听众行事为人"与福音相称"时（腓一 27），他诉诸这个伟大的基督论定式。当会众面临因两个女人的争吵而引发潜在分裂时，保罗用深刻的基督论宣言来处理，旨在给他们基督的心

（腓二5）。因此，对保罗而言，教会面临的所有问题本质上来说都是神学性的。

《哥林多前书》的神学

尽管所有保罗书信都用神学反思引导会众，但他与哥林多信徒冗长的对话——我们所知最深入的对话——让《哥林多前后书》成为一个特别有用的以讲道为信仰寻求理解的范例。我们可能会设想，保罗在哥林多服事期间（见 徒十八 1-18），他的传道事工包含了教义指导；这与保罗在第一次访问帖撒罗尼迦时的教导相同。我们可能还会进一步设想，保罗写给哥林多信徒的第一封书信也强调了同样的教导（参 林前五9）。然而，讲道的任务决非只是简单重复就能完成，因为讲道涵盖了解释说明及与听众们不断的后续对话。保罗在前一封书信要求哥林多信徒与道德败坏之人断绝关系，这显然引发了一些需要进一步说明的新问题。因此，他必须申明，他的教导只针对那些道德败坏的教会成员（林前五 9-13）。同样，关于淫乱的标准教导（见 帖前四1-8）也带来了新问题，保罗在《哥林多前书》六 12-七 40 也作出了解答。[8] 所以，他的讲道包含了对自己基本教导的持续反思和详细阐述，因为他与听众持续对话。这些例子中，讲道包括了对过去所说内容的详细解释。

保罗和哥林多人的对话不仅是在原有对话的基础上有所延长，因为《哥林多前书》表明，这书信亦是为了一些悬而

---

[8] 见 O. Larry Yarbrough, *Not like the Gentiles*, SBLDS 80 (Atlanta: Scholars, 1985).

未决的新问题。因此,根据会众的信仰,保罗对哥林多人的讲道涵盖了对新处境和危机的反思。革来氏人曾报告过保罗和亚波罗的追随者之间的党派纷争,这在某种程度上与哥林多人推崇智慧与口才有关(林前一 10-17)。尤其是哥林多社会地位显赫的基督徒,特别看重这些规范。他们公开自称有智慧(林前三 8),还一贯在行为上表现得飞扬跋扈。[9] 根据《哥林多前书》,哥林多教会明显分为保罗和亚波罗两派。[10] 既然演说的主题与智慧都需讨论,我们或可假设,很多哥林多人看亚波罗胜过保罗——尽管没有证据表明是亚波罗怂恿大家进行比较。[11] 他们在亚波罗身上看到口才能力与智慧的完美典范。保罗是这场比试的受害者。如果他不能自我申辩,那么他指导教会事务的权威便会被削弱。所以,保罗的挑战就是解决在希腊时期哥林多对演说者的大众评断所挑起的新

---

[9] 见 Peter Marshall, *Enmity in Corinth: Social Conventions in Paul's Relations with the Corinthians*, WUNT 2.23 (Tübingen: J. C. B. Mohr, 1987), 194-96; 这里论述了 *hubris* 是根本问题。

[10] 一 12 的论述("我属保罗","我属亚波罗","我属矶法","我属基督")并非说有四个党派。在三 1-5,保罗只提到了他自己和亚波罗。

[11] 见 Ben Witherington, *Conflict and Community in Corinth* (Grand Rapids: Eerdmans, 1995), 100. 同见 Stephen M. Pogoloff, *Logos and Sophia: The Rhetorical Situation of 1 Corinthians*, SBLDS 134 (Atlanta: Scholar Press, 1992), 100-103.

问题。[12] 哥林多人信徒用自己对智慧和口才的有色眼光评价基督教领袖，还要求讲道者遵循他们自己的意见。

保罗在《哥林多前书》五至十六章处理了大量问题。乍看之下，这些问题似乎与保罗在一至四章提出的党派纷争毫无关联。保罗在哥林多面对的问题似乎并不是教义问题。在这里，保罗的讲道回应了他得知的新危机，亦回应了教会成员提出的新问题。与一至四章的描述一样，敌对团体的因素还出现在法律诉讼（林前六 1-11）、坚持吃祭偶像之肉的自由（林前八 1-13；十 23-十一 1）、混乱圣餐（林前十一 17-34）及全体聚会之中（林前十二至十四）。因此哥林多人都以过往经历的有色眼光，看待基督教讲道、自由、信仰群体、洗礼、圣餐和复活的本质。其中大多数问题反映了社会中不稳定的少数人群的自负与价值观；这些人用希腊社会的规范来解读基督徒经历。事实上，这些问题都植根于先前在一至四章呈现的问题。它们反映了社会上声名显赫之人的影响。这些人归信基督教信仰时，带着对信仰群体和基督徒自由的一己之见，并将这些见解叠加在基督徒群体经验之上。同样，有些人坚称"没有死人复活"（林前十五 12），这亦植根于对死后生活的希腊式理解。[13] 保罗的反对并非否认基督"为我们的罪死了"，并"照圣经所说，第三天复活了"（林前

---

[12] 见 Duane Litfin, *Paul's Theology of Proclamation*, SNTSMS 79 (Cambridge: Cambridge Univ. Press, 1994); 参 Witherington, *Conflict and Community in Corinth*, 100.

[13] 尽管在注释书中常出现相反的观点，但是《哥林多前书》中并无证据说明，哥林多信徒对复活的否定是根植于某种已实现的末世论。

十五 3-4）。问题根源在于，哥林多信徒想要以自己过往的文化经验筛选基督徒的经历。这种哥林多式发展就是在新兴的外邦基督教会的环境下发生的。这些教会既没有简单地搁置从前的文化、对宗教的理解、对世界的解读，也不会完全跟随保罗在哥林多停留时的教导。[14] 因此，一个新兴基督教文化的形成并非易事。

保罗诉诸教会已经"领受"（林前十一 23；十五 3）和相信的（林前十五 12）内容，这个事实表明，哥林多信徒并未挑战这些基本的信仰传统。不过，保罗与他的听众在这些传统的意义上显然有巨大分歧。事实上，这些分歧根植于一些神学判断。保罗与会众的持续对话必须包括对这些判断的讨论。

对保罗而言，神学讲道就如《哥林多前书》一至四章所言，并非退入远离全体会众的抽象概念之中。这里，保罗从摆在哥林多人面前的具体问题——结党纷争（一 10-17）——进入一 18 至二 16 的冗长的神学论述，然后在三 1-5 才回到争论的要点。换言之，处理结党纷争的问题不能单靠简短的关于教会是家庭的教导，抑不能单靠对结党行为及傲慢态度的简单指责。保罗知道，有更深层的问题正危如累卵。因此，一 18 至二 16 是一个长篇神学论述，为基督徒合一打下了基础，也为保罗在《哥林多前书》的后续信息做了介绍。

---

[14] Jürgen Becker, *Paul: Apostle to the Gentiles* (Louisville, Ky.: Westminster/John Knox, 1993), 199.

保罗在《哥林多前书》的第一部分为自己申辩,并追溯到建立哥林多教会的讲道。在对最初讲道的回忆中,他回到争论双方都无可辩驳的共同基础。即使是保罗的反对者也会同意基督教的基础共识,就是保罗曾传讲的"钉十架的基督"(一 23)。这些反对者们显然不能理解,十架的信息对于哥林多当下危机的意义。希腊文化的听众会轻易用他们相似的背景去解读十架和基督的复活。依据他们的背景,他们按照希腊英雄崇拜的方式解读基督的受死和复活。他们显然将基督看作应被尊崇的战后余生的得胜英雄。类似的故事也存于赫拉克勒斯传说(Heracles saga)。赫拉克勒斯之所以被赞颂,就是因他历尽艰辛、饱尝苦楚、终得凯旋。[15]

在这些情况下,保罗的挑战不仅是重复教会听过的基本讲道信息,还要在教会面临分裂问题的处境中解读传统。因此,在保罗重新讨论结党纷争和傲慢自大的问题之前,他解释了一18至二16中的最初的福音宣讲(kerygma)。在一18-25,他不再局限于传统性对讲道的复述(见 林前十五 3),而是以关注十字架的卑微和羞辱的方式描述自己的讲道。他传讲"十字架的道理"(一 18)及"钉十架的基督"(一 23)。这个信息"在那灭亡的人为愚拙"(一 18),"在犹太人为绊脚石,在外邦人为愚拙"(一 23)。他接着论到,十字架是提醒我们,神会颠覆我们人类的期望:神的智慧被世人当做愚拙,神的能力被世人误以为软弱。在描绘十字架是神"胜过"人智慧的方式时,保罗逐渐削弱了哥林多"智

---

[15] Becker, *Paul*, 201.

慧"人的自负。因此,神"决定"用挫败人的傲慢自大的方式拯救世界,而十字架活生生地展示了这种在人看来匪夷所思的方式。[16] 在其他情况下,保罗解释十架的故事时,会用不同的意象传递十字架的重要性。[17] 然而在这种处境中,就是当他遇到哥林多"智慧的"反对主张时,他宣告**被钉十字架**的基督启示了神的能力和智慧。

根据一26-28,神不仅定下挑战世俗想法的救赎方式,而且在自己拣选的子民中挑战大众的期待。他们当中"按着肉体有智慧的不多,有能力的不多,有尊贵的也不多"(一26)。哥林多人接受福音并非因他们超然的智慧、能力和地位(一26),而单单因神的呼召。[18] 同样,根据二1-5,保罗也不是人们合理想见的传道人。他并非用华丽的辞藻与他们相处(林前二1-5)。在二6-16,他进一步将自己的信息定义为向世界隐藏的奥秘,唯有神赐下圣灵的人才能辨别。保罗强调唯独拥有圣灵的人才能领会十字架的奥秘,这挑战了他反对者的认识论。他们的想法成形于他们的文化之中。虽然他们声称自己也有圣灵,但他们权衡灵性的方式证明他们并没有领会十字架的意义。

---

[16] 见 Victor Furnish, "Theology in Corinthians," in *Pauline Theology*, ed. David M. Hay (Minneapolis: Fortress, 1993), 2.66.
[17] 注意《罗马书》三21-26中丰富的意象。在这段经文中,保罗使用了**补偿**(ἱλαστήριον),**救赎**(ἀπολύτρωσις)和**义**(δικαιοσύνη)等词汇。在这里,保罗同时用了宗教崇拜和法律审判的意象来解释十字架的意义。见 Furnish, "Theology in 1 Corinthians," 68.
[18] Furnish, "Theology in 1 Corinthians," 65.

这一冗长论述的结果就是消除结党纷争，并扑灭在哥林多社会上有声望之人的傲慢。这部分内容是要让读者正视认识神的途径；这一途径与导致结党纷争的对神的理解大相径庭。保罗本可用较于《哥林多前书》更直接的方式处理傲慢与结党纷争的问题。他本可以从一 10-17 的叙述直接得出三 1-5 的回应。他还可以提出一些处理矛盾的方式。只是他知道，教会需要的是一个新的神学视野。哥林多的具体问题需要神学上的回应。对演说家和人类智慧的推崇其实反映了一种属世的思维方式。保罗和亚波罗只是执事（三 1-5），那些以人的标准为传道人争辩的人仍未成熟。用保罗的话说，**我们的讲道并非全然取决于我们的听众**。

一个显著的事实是，保罗花了相当多的篇幅来阐述这一要点，而这成了他回应在哥林多教会中肆虐的问题的基础。保罗并没有用特别的方式来回答问题，反而回到基督徒经历的根基来纠正哥林多会众的陋习。十字架为会众创造了新视野；这个视野将能解决分裂教会团体的势力。[19] 当保罗再一次面对由那些自诩过人智慧乃其自由之根基的哥林多人引发的淫乱问题时，[20] 他依照涵盖救赎论（五 7）和人论（六 15-

---

[19] Charles Cousar 论到："行为终究只能在表面上改变，除非想象力被改变，视野的角度被更新。因此，这段内容使读者正视另一种关于他们认识神和在群体中生活的观点，尽管这个观点很激进。"("The Theological Task of 1 Corinthians: A Conversation with Gordon D. Fee and Victor Paul Furnish," in David M. Hay, ed., *Pauline Theology*, 2.97).

[20] 见 Marshall, *Enmity in Corinth*, 285-87. Marshall 证实，"凡事都可行"（林前六 12；十 23）这一短语呼应了希腊著作中个人自由的措

17)的神学委身据理力争。当他处理法律诉讼的问题时,他为基于效法十字架的舍己行为辩护(六 7-9)。针对声称有权吃祭偶像的肉的哥林多信徒分裂教会的所作所为,保罗的回应是提醒读者十字架的重要性(八 11)。在回应混乱圣餐的行为时,他反思传统的意义,并从中得出教导(十一 17-34)。他在十四章给出对群体敬拜的具体建议之前,先在十二章讨论了基督徒团体的本质。保罗将教会当做基督的身体有着深远的意义,这回应了哥林多扰乱团体的势力。只有当保罗使他们明白当下问题的神学意义时,哥林多的困局才能迎刃而解。在回应哥林多信徒的"没有死人复活"(林前十五 12)的主张时,保罗苦口婆心地论证复活的本质(林前十五 1-58)。若没有神学反思,教会便会带着有色眼镜,用自身的文化价值处理自身问题。

《哥林多后书》中的讲道与神学

正如《哥林多前后书》表明,讲道是一场持续性对话。传道人或许期待讲道可以解决当下的危机,但《哥林多前书》表明,讲道并没有一劳永逸地解决危机。新危机从旧危机中骤然出现,而传道人的解释也引出了一系列新问题。就《哥林多前书》而言,保罗的解释不见得特别成功,因为《哥林多后书》不仅是先前讨论的延续,也是在提摩太送达书信返回保罗之处后,保罗对所关注的新危机的回应。这个危机严

辞;依据这些著作,自由包括了凭喜好行事的权利。对于斯多亚主义者,自由与有教养的道德自主权同义。"只有智慧人才是真正的自由"(Marshall, 287)。参 Dio Chrysostom, *Disc.* 14.13-14.

重到让保罗决定"带着悲伤到那里去"(林前二1),并"多多地流泪写信"(林前二 4)来挽救哥林多的光景。诚然,《哥林多后书》是提摩太送达《哥林多前书》后留存有记录的最后一次辩论。外来人来到哥林多,与少数人合力挑战保罗在《哥林多前书》里的领袖地位。会众再一次将保罗和其他传道人比较(见 林后三 1-3;十 12-18),并质疑他牧师与使徒身份的合理性。在这样的情况下,新来哥林多的人用自己所谓的牧师和使徒的身份与保罗相较。他们质疑保罗的正直,将他抹黑成一个迎合听众的谄媚之徒(参一 15 及后续经文)。[21] 他们质疑保罗拒收工作报酬的行为(十一 7-11),并对他的公众形象与演讲能力吹毛求疵。他们说:"他的信又沉重又厉害,及至见面,却是气貌不扬,言语粗俗的。"(十 10)更有甚者,他们污蔑保罗没有圣灵(十 2)。[22] 如此,他们显然将里头有圣灵等同于一种强大的外在举止、演讲能力和有能力的行为。再次重申,正如在《哥林多前书》里一样,哥林多式神学推崇权力、表现与果效,这是被希腊世界的价值观过滤后的产物。[23]

---

[21] 有关"谄媚者"是希腊罗马文学中被攻击的对象,以及《哥林多后书》中的诸多类比,见 Marshall, *Enmity in Corinth*, 70-90.

[22] 反对者控告保罗行事为人是 κατὰ σάρκα。这意味着,他们质疑保罗是否有圣灵。

[23] 《哥林多后书》研究中的一个重大难题与这封书信文学的整体性有关。少有学者赞成这一整体性。然而,与多数学者一样,我认为《哥林多后书》通篇所处理的问题在本质上是一样的。虽然《哥林多后书》十至十三章论述的强度超过一至九章,但是通篇书信的主要内容是一样的:捍卫保罗的事奉。

保罗对这场神学争战严阵以待,这在第十章显得尤为明显。在那一章,观点的语气尤为强烈。在回应对他事工控诉之时,保罗用军事化术语描绘了自己的任务。他是一个打仗的士兵,并不是用"凭着血气的"(κατὰ σάρκα)兵器(十 3),乃是用属灵的兵器"攻破坚固的营垒"(十 4)。他还说,"我们将各样的计谋,各样拦阻人认识神的那些自高之事,一概攻破了,又将人所有的心意夺回,使他都顺服基督"(十 4-5)。保罗用哲辩的语言,[24] 描述了他的传道事工。神学论证是必要的,因为保罗在与破坏基督教信仰的傲慢观点争战。这在《哥林多后书》结尾时出现的宣告,描述了遍及通篇书信的论点。保罗是位进入竞技场的神学性传道人;在这个竞技场中,邪恶的观点引诱教会离弃自己的委身。他的教会处于张力之间,左右为难。一方面被遵循希腊世界共同文化预期的基督教义所吸引,另一方面要尊崇保罗的传道事工。

保罗对自己事工的辩护无疑是神学性的。书信的开头部分(一 1-二 13),从表面上看似乎自传性多过神学性,但实际上却是对保罗所作所行的神学性辩护。在回应对他的指控时,保罗写信重申自己的正直(一 12-14),再三强调自己并非迎合听众,传讲他们想听的;他并非如阿谀奉承之人一般,

---

[24] 有关以军事化比喻描述哲学家的任务,见 Epictetus, *Diss.* 4.16.14:"哲学家的思想就是他的防御。"Philo 称"要塞"是"借着有说服力的论点"所设立的架构(*Prob.* 15)。参 *Conf.* 128-31. 有关延伸讨论哲学论辩为军事行动,见 A. J. Malherbe, "Antisthenes and Odysseus, and Paul at War," *HTR* 76 (1983): 143-73.

说"忽是忽非"的话（一 17）。他的话语都是"是的"，因为神是信实的（一 20）。神持守自己的应许，借着所应许的圣灵在他们身上印上印记；这圣灵已经赐给了信仰群体。因此，推动保罗事工、指示他计划的，并非机会主义，而是他因基督的缘故对他人的委身。他要"宽容"（一 23）那些他先前未能对其守信的会众。他自述一切事工皆由于自己对他人的关怀，借此他期望这个神学论点能构成这封书信的中心（见下文对林后五 11-六 2 的论述）。

在二 14-四 6 里，保罗以对事工雄辩且有力的神学论述，回应对他传道事工的挑战。保罗将自己描述为在死亡之路上的俘虏（二 14），同时也认定，于他听众而言，他的事工事关生死的问题。再次重申，这不是消费者想要的事工，而是保罗的事工，一个"被俘"之人的事工。他不似他人般"混乱"福音（二 17）。为了论证自己的观点，他带领听众历经一番复杂的论证。他在其中声明，自己的事工正是耶利米宣告的新约事工（林后三 1-6）。诚然，作为新约的事工，它超越摩西事工的荣耀，因他源于圣灵的事工改变了神的子民（三 18）。

于批评他之人而言，保罗的事工看上去并不荣耀。《哥林多后书》里许多次提到了保罗的软弱（十一 21，29，30；十二 5，9，10；十三 4），这说明了反对派对保罗的卑微和软弱的非难。其中一个软弱的迹象便是他毫无果效的事工。具体来说，他的传道事工不仅在表面上是失败的，而且对哥林多人来说也一无是处。尽管事与愿违，保罗坚称他的事工有着深远的效果。虽然面对不信之人（四 4；参 三 14，15），但是他不会"谬讲神的道理"来争取他人回转（四2），因为不信之人的问题并非在于他的信息，而是"被这世界的神弄瞎了心眼"（四4）。也就是说，产生结果并非传道人的果效；保罗讲道的果效取决于神让人产生回应的能力（参 帖前一 5；二 13），以及让不信之人心眼蒙蔽的撒旦的势力。尽管看似徒劳，保罗也会持续传讲"耶稣基督是主"（四5），因为神已经光照信徒的心，"叫我们得知神荣耀的光显在耶稣基督的面上"（四6）。纵使他的反对者总唱反调，他自身为人的软弱，如同"泥制的瓦器"（四7，《标准修订本》），以及他"短暂的苦楚"，这些都不会让他丧胆（四1，16）。因为他"行事为人是凭着信心，不是凭着眼见"（五7）。根据他自身文化的标准——以及他反对者的标准——他都不是一个基督的执事。

如此反文化的生存方式需要一个说法。保罗在五 12-2 对自己的事工作出了整封书信中最浓墨重彩的神学性处理。[25] 在这里，保罗不单单处理神学性讲道，还反思了这些神学性讲道的任务。在五 11-12，他向听众自我申辩，为自己的神学事工辩护。虽然他将某些形式的劝告拒之门外（参 林前二4），却也"劝导人"（五11，《标准修订本》）。尽管神已认识他，他也不满足于此，反而要让这些需要明白所面临问题的听众，从心里认识他（五 11）。他希望给他的听众"有夸耀我们的机会，使你们好面对那凭外貌、不凭内心夸耀的

---

[25] Steven J. Kraftchik, "Death in Us, Life in You," in *Pauline Theology*, 2.167.

人"(五 12)。就如保罗在整卷书信开始时,渴望教会能以他为荣(一 14)一样,他在五 12 回到了相同的主题。然而在此情况下,会众面临的关键问题是,听众不仅要明白保罗的事工,也要有能力应付保罗的反对者。**保罗神学性陈述的目的——以及神学性讲道的目的——是使教会有能力在出现问题时,用神学知识去应对。**教会只有神学性反思自己的身份(identity)时,才能在面临危机时存活下来。因此,保罗并不满足于他作为神学家的功用;他也期望教会能进行神学性的讨论。[26]

唐慕华(Marva Dawn)将教会描述为"神学者团体"。她问道:"我们关于信仰如何应用于生活的讲道,表述形式过于简单,是否真能使信徒在信仰的根本教义上有所长进,从而装备他们抵抗异端与拜偶像以及民间宗教呢?"[27] 在采访离开教会之人的离开原因后,威廉·亨德里克斯(William Hendricks)鼓励牧者教导大家学会神学性思考,这样他们就能对抗所谓"本质上的'麦当劳教义'——引用经文的属灵快餐与填鸭式的陈词滥调,却独独没有营养。"[28]

---

[26] 有关教会丧失了神学性语言,见 Bellah et al., *The Good Society*, 193.

[27] Marva Dawn, *Reaching Out without Dumbing Down* (Grand Rapids: Eerdmans, 1995), 238.

[28] Dawn, *Reaching Out without Dumbing Down*, 238,引自 William Hendricks, *Exit Interviews: Revealing Stories of Why People Are Leaving the Church* (Chicago: Moody, 1993), 284.

基督徒信仰是不可简化的认知内容。保罗在五 14 下-15 详细解释了这一思考范畴。[29] 除非教会能从她的教师那里掌握成熟的神学性反思，不然便不能以神学的方式反思自己的身份。因此，保罗继续进行神学性反思；这些反思会在听众们身陷危机时引导他们。在五 13，他开始解释自己的事工，从而神学性回应哥林多会众："我们若果颠狂，是为神；若果谨守，是为你们。"这"为神"而欣喜若狂的事工与"为你们"的理性事工之间的分别，很可能呼应了保罗与他反对者之间的辩论点。虽然我们不能洞察这句话背后的明确问题，保罗的重点显而易见：他在描述"为你们"事工的特性。如二 14 所言，他将自己描述为基督之爱的俘虏（"基督的爱激励我们"），并回想起古时的信条"一人为众人死"（五 14）；这一信条声明是所有对事工神学性反思的基础。那些知道古时信条的人就能明白，基督的仆人在他们的生活中也重塑十字架："众人就都死了。"被十架掌管就是以自我为中心的生活形式的终结，亦是那种保罗的反对者所珍视之事工的终结。

保罗在这里的神学性讲道是"信仰寻求理解"。他通过发展听众未曾考虑过的信条内涵，帮助他们明白信条。[30] 当保罗将自己的新理解与之前在《哥林多后书》五 16 的认知方式相比较时，他进一步地发展了这个新的理解："因此，从今以后，我们不再按着肉体的观点（κατὰ σάρκα）来认识人；

---

[29] Witherington, *Conflict and Community in Corinth*, 394.
[30] 五 16-17 中连续的"所以"（ὥστε）表明，保罗在五 14 发展了信条的内涵。

虽然我们也曾按着肉体观点（κατὰ σάρκα）认识基督。"也就是说，与《哥林多前书》一 18-二 16 一样，保罗用自己新的认识论回应具体的问题：基督已经改变了他的认知方式。保罗邀请教会用新的理解去评估当前的危机，而这种理解是迄今为止他们评估中所缺乏的。若没有这种新的理解，教会就不能应付她所面对的挑战。

在《哥林多后书》五 17，当保罗解释整个信仰团体共享这种新的认知方式时，他再进一步发展了对新的认识论的论述："若有人在基督里，就有一个新的世界。"（作者自译）新的创造是犹太人盼望的目标（见 赛六十六 22），如今在教会里成了现实。保罗与哥林多人讨论的问题不能在旧的创造的层面上解决，因为基督徒已经历了一个崭新的世界。

根据五 18-六 2，保罗借着强调这个新的创造——以及反对派所批判的事工——是从神而来，总结了这个精雕细琢的神学声明。在神让世界与他自己和好这个双重重复的声明中，保罗提供了信条的另一版本，即"一人为众人死"（五 14），并强调神是这事工的创始者。在基督里，神使世界与自己和好；神也把事工托付于保罗，借此他呼吁众人"与神和好"（五 20；参 六 1-2）。

这部分的神学论证非常紧促，这很容易让现在的读者忘了论证的要旨。与之后几个世纪保罗继承者的神学反思不同，他从不用抽象的术语来提出全面综合的赎罪神学。他进行神学反思并非因学术同仁之故，而是当他的信仰群体被对福音的错误理解所试探时，对这一形势不可避免的回应。他期望自己的信仰群体能领会他的观点，并在神学争议的处境中重申自己的观点。保罗提出了看待新旧世界的方式,而非根据听众的文化标准去回应。旧世界的意思是,保罗不断重复早已成为教会根基的信条;新世界的意思是,这些信条提醒教会神的新创造,如此解释是为了应对变幻无常的处境。

反思神学性讲道

由于传道人在我们自身文化中所面对的挑战——短暂的注意力集中,圣经文盲,反对所有真理主张的多元主义——我们有可能也提防保罗的典范,毕竟他并不符合信仰群体的预期。然而,《哥林多前后书》提醒了我们不持续神学论述的代价。克莱德·范特(Clyde Fant)曾写道,"哥林多人有时无处不在",[31] 他们执着于迎合我们文化预期的信息。没有神学论述,"讲台就会屈从公众的压力,跟随错误的弥赛亚,寂然无声、保持缄默,或在大众认可的和煦阳光中趾高气昂、自鸣得意。"[32] 没有批判性神学反思,教会会误认为福音是统治性意识形态,并引发特别流行的兴趣,从而让听众无暇思考真正关键的内容。为民族主义"施洗"的讲道、对个人幸福的追求、或狂热的自我崇拜,都丢失了神学批判能力。因此,当缺少神学性讲道时,教会的信息变成了琐事。教会的使命与目标只得依赖大众的意愿,而非教会的回忆。

---

[31] Clyde Fant, *Preaching for Today* (New York: Harper & Row, 1987), 6.
[32] Fred Craddock, *Preaching* (Nashville: Abingdon, 1985), 49.

神学向传道人与会众强调一个更大的议事日程：创造、罪恶、恩典、盟约、赦免、审判以及世界与神和好。"神学向讲道发问'什么是摆在我们前面的终极异象？'，这并非本末倒置。"[33] 因此，神学性讲道对带领教会思考基督信仰的重大主题是必要的，因为它绘制了教会的未来的路径。

应用保罗的典范既非忽略信仰群体的问题，亦非允许教会设立讲道议程。鲁道夫·波仁（Rudolf Bohren）在引用保罗·瓦乐希（Paul Valery）对诗词的反思时，将传道人与诗人作了一个类比。如瓦乐希所言，由读者而创的作品（即，他们满足作品的预期）与自创读者的作品不尽相同。[34] 因此波仁说，教会由神的道创造，于是讲道开启了信仰群体的一个思考方式；这种方式与听众的预期相距甚远。[35] 我们在《哥林多前后书》里看到，将福音描述为奥秘（林前二7）或描述神创造的"新世界"（林后五 17）时，保罗的讲道创造了自己的观众，并给予了一个关于现实的新视野。瓦尔特·布鲁格曼（Walter Brueggemann）暗示了这种对现实的新视野：正如保罗给哥林多信徒提供了"新世界"，传道人引导教会构想另一个价值观的世界。这样的讲道不在于寻求即

---

[33] Craddock, *Preaching*, 49. 参 Richard Lischer, *A Theology of Preaching* (Nashville: Abingdon, 1981), 19："神学要求传道人将广泛意义上的福音的所有内容——创造、堕落、护理、成圣、教会、末世——都与所有圣经文本相连，从而构成基督教信仰的核心。"

[34] Rudolf Bohren, *Predigtlehre* (Munich: Kaiser, 1986), 453.

[35] 同上。

时的果效，而是随着时间的流逝，"能实现一个有着不同行为、态度及策略的世界。"[36]

保罗神学性讲道的典范着眼于基督信仰的核心要素。他回到教会熟知的核心信条，让教会一直专注于使其建立的重要福音内容。虽然传道人依据权威文本去传讲，他们却不能忽略对福音的神学性反思。这样的神学性讲道能维持教会宣讲的一致性。爱德华·法利（Edward Farley）对传讲圣经与传讲福音做出了重要区分。他提醒我们，传讲圣经并不保证是传讲福音。我们也许会传讲圣经，每周喂一小口经文文本，并不详述经文更大的神学主题。[37] 我们的任务是要在神在基督里之启示的更大背景下去看文本。同样，理查德·李思克（Richard Lischer）也描述了传讲圣经文本却无反思福音的危险。

> 只要传道人觉得可以直接从文本过渡到讲道，那么这种讲道一定充斥着未被吸收且杂乱无章的圣经主张。因为传道人作为神学家，用墨兰顿（Melanchthon）的话来说，必须要发掘"福音如何打开正确理解整本圣经的大门"。我不是许可传道人可以凌驾于文本特殊性之上，或把圣经教条化。我乃是邀请传

---

[36] Walter Brueggemann, "Preaching as Reimagination," *Theology Today* 52 (1995): 324.

[37] Edward Farley, "Preaching the Bible and Preaching the Gospel," *Theology Today* 51 (1994): 93.

> 道人用更宽广、更苛刻的眼光去理解他们的任务,而不是连载式地重述一段章节里的宗教观念。[38]

正如保罗所论证的,神学从来都不是脱离教会生活的抽象概念。教会生活中新处境需要我们继续反思福音;正是这福音使我们成为如今的自己。我们的会众就如保罗传讲时的听众,不可避免地透过自己的经历去评断基督徒的经历。因此,讲道必须是神学性的,离开简单地提醒教会的信仰,进入寻求理解的信仰。当我们被听众的需求引诱时,神学挑战我们要反思自己的重要身份,并认识到神呼召我们看穿为迎合人的需求而有的短暂利益,且反思这个挑战所有文化的故事。

---

[38] Lischer, *A Theology of Preaching*, 19.

第六章 作为回忆的讲道

对罗马人和其他人讲道
保罗的早期书信
《罗马书》为一封提醒信徒的书信
在后基督教社会中的回忆

> "在基督教的土地上从不缺乏信息。"费雷德·克拉多克(Fred Craddock)把索伦·克尔凯郭尔(Søren Kierkegaard)的这句话作为他《巧遇福音》(Overhearing the Gospel)一书的"正文内容"。"我们并不像宣教先锋那样,在丛林中披荆斩棘,突然出现在猝不及防的村民面前,带给他们前所未闻的全新信息。"[1] 我们是给那些早已听过此信息的人讲道。我们假设,由于我们生活在基督教文化中,我们的听众在我们以先,早已在无数传道人那里听过这些讲道。更何况,他们也听了我们自己的讲道。因此,我们的任务不光是向听过基督教故事的人传讲,也是要对那些每周都听基督教信息的人传讲。在我自己的传统里,传道人通常在一年内对同一个信仰团体讲一百多堂道。用克拉多克的话来说,那些听众们就是"重写本"——叠加了各层书写的底稿。[2]

其实我们可能会嫉妒拓荒宣教士,因为他们所宣讲的是新的信息,听众在此之前没有听过。对于这些第一次听到的人,我们的信息也许真的就是新闻。尽管不知源于何处,但

---

[1] Fred Craddock, *Overhearing the Gospel* (Nashville: Abingdon, 1978), 24 论述了索伦·克尔凯郭尔在这项任务上的挣扎。
[2] 同上。

我曾经听过这样一个说法:劳伦斯(D. H. Lawrence)认为,如果他生活在第 1 世纪,他就会成为一个基督徒,因为基督教在当时是新兴的,且至关重要;然而在本世纪早期,它已经老旧了,且了无生趣。常有人附和这些观点,这让我们觉得"在基督教的土地上从未缺乏信息"。在一个极看重原创的文化里,没有什么挑战比传道人给那些已经听过信息的人讲道更难的了。我们中很多人都认同雷茵霍尔德·尼布尔(Reinhold Niebuhr)对他早年传道事工的描述:

> 我发觉我的一系列讲道不过是叠床架屋。所谓不同的文本只是意味着将相同的东西再讲一次。我在神学院期间植入讲道的一些想法也早已使用殆尽,现在怎么办呢?我猜,随着年月流逝,生活和经历会抛给我一些新的想法;我也会在圣经中找到一些迄今为止我漏掉的东西。有人说,一个年轻的传道人在他讲道前必须重新抖擞精神。我最好是能尽快缓过气来,不然每周的讲道就会成为我沉重的负担。
>
> 我本该站在会众面前,在他们中间传播伟大的信息。此时,我每周日却在设法寻找一星半点的新信息。假设我真的有一些伟大的信念,只怕这些信念每周也要经历一番挣扎才能显明出来。然而就目前来说,我还在咬紧牙关寻找值得讲解的新信息。我甚至害怕下

> 一个安息日的来临。在周复一周的建造信徒的时间里,我不知道能否使自己适应,去完成带给他们亮光和启发的任务。[3]

毫无疑问,尼布尔担心这种可预见的重复会使会众厌倦——这是传道人最惧怕之事。寻找新事物的需要带来了敬拜更新运动。在这运动中,古典圣诗被新诗歌取代,传统的祷告也改变为新的、自发的表述。就像最好的电视连续剧最终也会被剧透毁了一样,我们同样也感觉到了,这种可预见之事使我们很难让会众保持活力。所以,我们这些传道人都是竭尽所能地避免重复。我们会迟疑去传讲一些耳熟能详的经文,或自我重复,或重复他人已传讲过的内容,并以创造性和原创性来衡量一篇讲道的质量。

这种寻求标新立异的挑战带领传道人寻求不同的解决方式。一个久负盛名的方法就是持续阅读法(lectio continua):传道人连续讲解圣经的某一卷书。另一个悠久的传统是使用经文选集(lectionary):传道人的传讲经文已根据基督教年历提前被决定。不论哪一种办法,传道人都摆脱了选择主题及经文的痛苦。然而尼布尔认为,尽管这两种办法让传道人摆脱了选择主题(或经文)的痛苦,传道人还需要注意讲道的言辞是否符合教牧事奉的要求。传道人要去思考他们所选或所引用的经文是否合时宜。

---

[3] Reinhold Niebuhr, *Leaves from the Notebook of a Tamed Cynic* (reprint, Hamden, Conn.: Shoe String Press, 1956), 4.

对于那些不想拘泥于持续阅读法和经文选的人而言，或许可以遵循另一个传统，就是根据听众的"切身需要"来讲道。这个方法有一个好处，传道人可以用相较于前两种方法更直接的方式，去处理听众的忧虑。实践这种自由的传道人或许可以让会众自己制定一个讲道议程。他们还能自由地涉及人们心中的社会问题，并思考一些近期事件。这个方法听上去似乎很自由，但它最终会带来尼布尔所说的困境——因为刻意回避重复，传道人会不断地搜寻更多的新事物。也就是说，这种方法让传道人只能被动地等待处理会众中出现的危机或新问题。面对这个困难，传道人会寻找更多鲜为人知的讲道经文，或者之前没人讲过的话题。

尽管我们对重复深恶痛绝，但它在一个集体的形成中十分重要。我在第二章已经说明，保罗关于基督救赎事件的讲道和他对会众的劝勉安慰（paraklesis），无法泾渭分明地予以区分。这两类听众也很难被区分。就如保罗的听众一般，现今的听众也是由诸多个体混合而成。他们中的一部分人对基督教信息特别熟悉，而其他人并非如此。会众也许并不像我们想象的那么了解圣经故事，并且在未来他们只会知之更少。传道人和教师们可能会面临一个职业危机，别人会像他们一样看待他们所认为的陈词滥调。因为在信仰被塑造的年日，我们不断重复听过的这些主题和传统。于是，我们便轻易地认为，即使无人重复这些主题和传统，它们也存在于其他人的脑海中。我们忽略了时间流逝对于记忆的消磨。因此，如果我们也像克尔凯郭尔一样认为，"在基督教的土地上从未缺乏信息"，我们很可能就错了。我们面对的是一个鲜有基督信仰经历的文化。

阿莱克·麦考文（Alec McGowen）能在各地的讲堂里，用一口标准的詹姆士王式英语向大家完美呈现《马可福音》的内容。他讲述了一些人会在他结束演讲后找到自己，询问"这是你写的吗？"或者"你从哪里找来的资料？"这个世界慢慢地变成我们这些传道人自己的世界。威廉·韦利蒙（William Willimon）曾写道："如今普遍去教会的会众，绝大多数都不熟悉基督教演说。人们星期天早上去教会，但对基督教却并没有一个基本的知识和理解。他们在听我们讲道时，没有一些对经文的基本设想。"[4] 教会如今正面临健忘症的问题，就是人们既不知道叙事（narratives）也不知道诫命。将来的听众和保罗所面对的听众极其相似。后基督教社会也许与前基督教社会如出一辙。

尝试找寻新事物的需要让我们不断找寻更加晦涩的讲道经文，或者用新的转变去打磨旧的故事。诚然，传道人会比别人更在意讲道所呈现出来的新颖程度。我们对革新式讲道的热诚或许反映了我们的想法——熟悉性和可预见性的氛围最终对讲道有害。

对罗马人和其他人讲道

在《罗马书》的结论部分，保罗描述了作为回忆的讲道的至关重要性。保罗写道："我稍微放胆写信给你们，是要提醒你们的记性，特因神所给我的恩典。"（罗十五 15）这

---

[4] William Willimon, "Turning an Audience into a Church," *Leadership* 15 (1994): 30.

段经文所描述的保罗在这封书信的最后总结,就像一段演讲的尾声一样,他重申了之前所申辩的。保罗将整卷《罗马书》描述为他给罗马基督徒的一个"提醒"。他已经称赞过《罗马书》的受书人(罗十五 14),因他们的"良善"和"知识";所以现在他将这封书信描述为"又一次的提醒"(作者自译)。[5] 他所用的"提醒"(ἐπαυαμιμνήσκω)一词,在古代也普遍用来重复某个传统。[6] 因此保罗表示,自己并没有说任何新的内容。他的话语或可被视为"一个战术性教导策略,以此说明他到目前为止所写的,对于听众而言并非(或者说不应该是)陌生,或者这些话至少直接源于基本的信仰以及对信仰的理解,它们是所有信耶稣基督之人的共同纽带。"[7] 基于此,保罗认为,自己对罗马人的讲道只是重申他们所已知的。他所写的内容无非就是教会的教导,就是教会必须已接受的教导。[8] 因此,他选择不讲述新的内容,只传讲福音所证明的。

保罗将《罗马书》描述为"提醒",这符合贯穿圣经传统的重点,就是将记忆作为交流的首要模式。正典形成的过程包括将记忆转化己用(appropriation),对早期传统的"再次记忆"。以色列的功能性正典具有稳定性和灵活性,因为

---

[5] Ulrich Wilckens, *Der Brief an die Römer*, EKK VI/3 (Neukirchen: Neukirchener Verlag, 1982), 3.117. Cf. ἐπαωαμιμνήσκω, *EDNT* 2.18.

[6] 见 Ernst Käsemann, *Commentary on Romans* (Grand Rapids: Eerdmans, 1980), 392.

[7] James Dunn, *Romans 9-16*, WBC (Dallas: Word, 1988), 859.

[8] Otto Michel, *Der Brief an die Römer*, KEKNT (Göttingen: Vandenhoeck & Reprecht, 1966), 364.

这个群体在新环境中继续不断转化已用旧的传统。解释包含了记忆。瓦尔特·布鲁格曼（Walter Brueggemann）认为，释经是团体在新的环境里回顾过往珍贵的记忆。"解释是寻求调和传统和当下情势。"[9] 这种解释的过程贯穿圣经。根据布鲁格曼的说法，摩西五经的原始资料就是对新处境的回应。以色列对自己的故事换了一种新的描述方式，从而应对不断变化的需要。同样，符类福音书是对早期教会记忆的反思。以相似的方式，这些福音书作者们假设自己的听众都已知道这个故事。第一位将口述传统转为书写记录的人，就是对一个已熟悉这个故事的群体讲述。据我推测，如果马可在《马可福音》十六 8 并未提及主的复活，而是以神秘的空坟墓结束，这表示他知道大家知道这个故事，所以以此结尾。当路加在咨询他的前人（路一 1-4）后，便接受了这些传统，并针对新的环境进行复述。教会的记忆就是后续反思的基础。

因此，《罗马书》诉诸记忆是属于更大的圣经传统，因为"以记忆的方式劝勉是基督教信息的一个显著特点"。[10] 诉诸记忆在书信文学中是一个共同特征。根据《提摩太后书》一 16，保罗写道："提醒你，使你将神给你的恩赐再如火挑旺起来。"同样，在《彼得后书》一 12，作者介绍他的信说，"你们虽然晓得这些事，并且在你们已有的真道上坚固，我却要将这些事常常提醒你们"（参 多三 1）。犹大同样在介

---

[9] Walter Brueggemann, "The Social Nature of the Biblical Text for Preaching," in *Preaching as a Social Act*, ed. Arthur Van Seters (Nashville: Abingdon, 1988), 135.

[10] K. H. Bartels, "Remember," *DNTT* 3.243.

绍书信的时候指出，听众们已经听过作者将要说的话："你们虽然都知道，我却要提醒你们。"（犹5）数十年以来，学者们在《以弗所书》、《歌罗西书》和《彼得前书》中都注意到了对传统资料的使用。这么多共同材料的出现说明了，这些书信很大程度上是收集了教义问答的材料，这些材料用来教导刚归信之人。包括家庭规范在内的伦理原则，很可能是那些刚受洗的基督徒会牢牢记住的。因此，这些信件大多数都是提醒。[11] 圣经演说的一个普遍形式就是提醒会众他们已知之事。

保罗的早期书信

纵览保罗书信就可发现，他通过许多方式唤起听众的回忆。邓雅各（James Dunn）指出，在保罗那里至少可以区分出三种传统：初始福音的传统，教会管理传统和伦理传统。[12] 除此之外，传授经文知识也被认为是另一个传统。尽管这些传统彼此难以割裂，我们好像还是可以找出一些差异，并留意它们在保罗书信中的功用。在每种情况下，保罗都会提醒会众那些在教会中众所周知的传统。

---

[11] Nils Dahl, "Form-Critical Observations on Early Christian Preaching," in *Jesus in the Memory of the Early Church* (Minneapolis: Augsburg, 1976), 17.

[12] James Dunn, *Unity and Diversity in the New Testament* (Philadelphia: Westminster, 1977), 66-69. 在很大程度上，学术研究已经成功证明，这些书信具有原始福音、教义问答或礼拜传统之理念和准则的标记。

根据尼尔斯·达尔（Nils Dahl）的说法，"教会的记忆和它的宣教经历息息相关，共同生长。"[13] 我们会注意到，保罗最早的书信《帖撒罗尼迦前书》通篇不断地诉诸教会的记忆。在开篇祷告中，他提到了他对会众的记忆（帖前一3）。然而，他首要关心的是帖撒罗尼迦信徒要记得自己曾对他们说的话。我们发现，通篇书信重复着一个公式，"如你所知"（帖前一5；二1，5，11；三3，4；四2；五1及下文）。当回想起自己曾经差派提摩太去帮助会众预备迎接不可避免的苦难时，他补充道："你们自己知道，我们受患难原是命定的。"（帖前三3）

首先，保罗在阐述伦理传统时会诉诸记忆。[14] 在《帖撒罗尼迦前书》四1-2，他也用拉比传统的语言介绍书信的整个劝勉部分：听众们已从保罗那里"领受"（παρελάβετε）教训，活出可以讨神喜悦的生活（帖前四1），并且保罗期望他们能记住自己的教导（四2）。[15] 当他劝诫帖撒罗尼迦信徒时，不单告诉他们的生活应当与自己给他们的教导，以及传给他们的传统一致，还补充道，要"照你们现在所行的"（帖前四1，修订标准版）。[16] 当然，这种称赞在保罗的交流中是一个很好的战略性进展，但并非仅限于此。人一旦接受福音，

---

[13] Dahl, "Form-Critical Observations on Early Christian Teaching," 15.

[14] Dunn, *Unity and Diversity in the New Testament*, 68.

[15] 参 Oscar Cullmann, *The Early Church: Studies in Early Christian History and Theology*, ed. A. J. B. Higgins (Philadelphia: Westminster, 1956), 63："我们发现了全部犹太传统习俗（paradosis）的专门用语，并且发现这些词以特定积极的方式被使用。"

[16] Dahl, "Form-Critical Observations on Early Christian Preaching," 15.

其整个生命就要承担责任。那些在福音中有份，并且接受了基本问答式教训的已受洗的基督徒群体，早已清楚必须做什么。他们领受了圣灵，并且走在正道上。如今，他们需要不断地被提醒自己最初的委身。使徒保罗在教导会众中的首要责任就是，让信徒记住他们已领受的和已经知道的——或者是应该知道的。[17]

《帖撒罗尼迦前书》四 3 至五 11 的劝勉，不时穿插着保罗提醒他的读者一些已知内容的迹象。具体来说，对合宜的性道德（帖前四 3-8）、弟兄间的爱（帖前四 9）的要求，以及对末世的指示（帖前五 1-2），都是会众已知的。同样，他在《加拉太书》和《哥林多前书》所强调的道德规范，也属于他曾讲述的传统（参加五 19；林前六 19）。他提醒腓立比人："你们在我身上所学习的，所领受的，所听见的，所看见的，这些事你们都要去行。"（腓四 9）保罗在《哥林多前书》七 10 和九 14 诉诸耶稣的传统。这表明，他将耶稣的话作为他教导教会的准则方针。在书信中，保罗许多次重申耶稣的话，表明他时常诉诸耶稣的教导来塑造会众的共同生命（罗十二 14；十三 9；十六 19；林前九 4；十三 2）。[18] 这些伦理传统也许就是保罗在《提摩太后书》二 15 和三 16 所说的，就是当他呼吁会众铭记传统时的所想所愿。

其次，保罗在重申福音宣讲（kerygmatic）和认信（confessional）的传统时，也会诉诸群体的记忆。如我在第五章所言，福音宣讲的传统通常作为保罗和他听众讨论的基

---

[17] 同上。

[18] Dunn, *Unity and Diversity in the New Testament*, 68.

础。他诉诸福音宣讲的传统,回忆帖撒罗尼迦会众怎样"离弃偶像,归向神,要服侍那又真又活的神,等候他儿子从天降临,就是他从死里复活的——那位救我们脱离将来忿怒的耶稣"(帖前一 9-10)。在《帖撒罗尼迦前书》四 14,当他用"我们若信耶稣死而复活了"这句话作为他论述群体将来的盼望的基础时,他再次诉诸福音宣讲的传统。同样,《哥林多前书》也不时插入对教会传统的回忆。在开篇的论点中,保罗对他最初传讲"被钉十架的基督"的回忆,就是诉诸群体的传统。当他在《哥林多前书》十五章为未来的复活辩护时,他以群体的传统为开始,认为"基督照圣经所说,为我们的罪死了,而且埋葬了;又照圣经所说,第三天复活了"(林前十五 3-4)。保罗采用了承于拉比式教学的传统语言。传统(paradosis)是基督徒交通的基本形态。其中,群体的福音宣讲的传统是"重中之重"。[19]

最后,保罗也诉诸群体对礼拜传统的记忆。在《哥林多前书》,保罗借教会管理的传统为会众设立了群体规范。当他为哥林多教会持守传统(林前十一 2)感到欣慰时,清楚地提到了他所创立的教会惯例。在谴责哥林多教会混乱圣餐的行为后,他再一次采用了传统的言语:"我当日传给你们的,原是从主领受的,就是主耶稣被卖的那一夜,拿起饼来。"

---

[19] James I. H. McDonald, *Kerygma and Didache: The Articulation and Structure of the Earliest Christian Message*, SNTSMS 37 (Cambridge: Cambridge Univ. Press, 1980), 124. 同见 M. B. Thompson, "Tradition," in *Dictionary of Paul and His Letters* (Downers Grove, Ill.: InterVarsity, 1993), 944.

（林前十一23-25）保罗显然要用耶稣的话语传统规范哥林多的圣餐实践。同样，当他处理全体会众的其他问题时，也诉诸众教会的做法和惯例（林前四17；十一16；十四33b）。这种诉诸众教会惯例的做法，反映了由教会传统构成的教导模式。

《罗马书》为一封提醒信徒的书信

《罗马书》的内容是一种提醒。这个显著的观点主要基于两个原因。第一，保罗从未在罗马讲过道。不同于保罗写过书信的其他团体，罗马教会并非由保罗建立和栽培。诚然，在书信开首，他表达了自己"将福音传给你们在罗马的人"（罗一15）的渴望。第二，正是《罗马书》的长篇幅和重要性说明了它不单单只是提醒会众已经听到的内容。试比较《罗马书》和《加拉太书》中一些类似主题就会发现，《罗马书》的论证是完整的。《加拉太书》中激烈争论的要点在《罗马书》中进一步被完善，其中热情之势减少，但更加深思熟虑。诚然，《罗马书》充满了对保罗先前书信内容的重复。如波恩甘（Bornkamm）所言，《罗马书》是"保罗最后的意愿和见证"[20]，并概括了早先书信的一些重要主题。因此，由于我们难以想象最初的听众在先前听过所有保罗的信息，于是很难将《罗马书》理解成一种提醒。

---

[20] Günther Bornkamm, *Paul* (New York: Harper & Row, 1969), 88-96.

然而,《罗马书》确实是一个提醒。通过《罗马书》,我们能洞悉保罗在讲道中诉诸回忆的本质。《罗马书》显然是为具体环境而作。最新研究表示,保罗在《罗马书》中直面犹太基督徒和外邦基督徒的冲突言论,并以此书信欲将两个群体联合起来,共同"荣耀神——我们主耶稣基督的父"(罗十五6)。[21] 因此我们猜测,保罗的提醒不仅仅是重复他们已听过的话语,更是陈述了**基督教信息对当前环境的意义**。如《罗马书》十五15所示,保罗的论述以回顾他们已知的信息为基础。

《罗马书》的内容说明了讲道和提醒不能轻易分开。尼尔·艾略特(Neil Elliott)在比较书信的开始和结尾时证实过这个事实。在靠近书信的开首,保罗表达了他想对罗马会众传讲(εὐαγγελίσασθαι)福音的渴望(罗一15)。在接下来的经文中,他解释了这个福音(εὐαγγέλιου)的本质:它是神对信祂之人救赎的大能(罗一16)。在福音信息中,神的公义被彰显(罗一17)。也就是说,在说明他传福音的意图后(罗一15),保罗继而揭示了福音的含义。《罗马书》一16-17在书信中的功用相当于论文的论点。保罗透过这两句详细阐述了神之义这一真理的含义,以此来处理会众当下面临的问题。就如艾略特所说:"这些观察衍生了一个假设,就是保罗似有意修书一封至罗马,使之成为'福音化'(evangelization)罗马信徒的媒介。"[22] 保罗仍然想要给那

---

[21] 见 Karl Donfried, *The Romans Debate* (Minneapolis: Augsburg, 1991) 一书的讨论。

[22] Neil Elliott, *The Rhetoric of Romans* (Sheffield: JSOT, 1990), 84.

些已经回应福音的人"传福音"。这说明对保罗而言,基督徒的生命实际上"本是凭借神的大能(罗一 16)对神的呼召持续的回应,如今透过圣灵的恩赐在会众里成就。"[23]

在早期书信中,保罗用神之义或因信称义这种术语,详述了福音的真谛(腓三 9;加二 16-21)。《罗马书》中的新纬度是保罗对公义之主题的探索范围。根据以色列的传统,神的义就是盟约信实,借此祂为自己的百姓伸冤。保罗借鉴了这个传统,宣告耶稣"为我们的罪"受死和复活不亚于为以色列的伸冤。因此他从当下的危机上升到对主旨的更广泛的神学反思。利安得·凯克(Leander Keck)曾写过,让"《罗马书》触动人心"的是,"保罗没有让他当下的处境完全支配自己的言语,而是让他所传福音的内在逻辑自行彰显,即使这意味着让他的第一批读者遭遇一定程度神学上的打击"。[24] 从原有的处境升华时,保罗论证了他在《罗马书》中的"福音化"不能脱离神学反思。那些对听众已知内容的提醒也不能脱离这些信息更完整的含义。因此,保罗在前五章描述他所传的福音内容(罗一 16-17),向所有信徒揭示了神义。他通过向所有信徒提出神之义的对立面来详述自己的论点:神的忿怒临到所有不顺服的人(一 18-三 20)。他在《罗马书》三 21-26 重申了这个论点,再一次声明神的盟约信实(神义)延伸至犹太人和外邦人。因此,根据《罗马书》

---

[23] 同上。

[24] Leander Keck, "What makes Romans Tick?" *Pauline Theology*, ed. David M. Hay and E. Elizabeth Johnson (Minneapolis: Fortress, 1995), 3.29.

三27-五11，我们唯一可夸口的就是基督的救赎启示，基督救赎了全人类（罗五12-21）。这个好消息打破了所有人类的傲慢，并给犹太人和外邦人创造了一个能"一口荣耀神"（罗十五6）的环境。所以，保罗的信息是对群体记忆的反思。

纵观前五章，保罗期待他的群体能认识信条陈述和圣经经文，这是他宣讲的基础。在《罗马书》一3-4，他如此描述福音："论到他儿子，我主耶稣基督。按肉体说，是从大卫后裔生的。按圣善的灵说，因从死里复活，以大能显明是神的儿子。"他对这个信条陈述的引用说明，这些于他而言陌生的听众，应熟悉这些信条陈述。在他对信条的详述中，他声明这是圣经中"预先应许的"（罗一2作者自译）。在整个一至五章的论证中，他基于经文为这个观点辩护。他在《罗马书》一17引用《哈巴谷书》二4"义人必因信得生"时，诉诸会众对经文的知识。他在《罗马书》三9-20论证人类在罪里的光景时，再次引述了这些经文的文字。他提出自己所传的神之义的福音"有律法和先知为证"（罗三21），他还通过长篇幅地回顾《创世记》十五6中亚伯拉罕的故事来阐明自己的信息。在这个源自圣经的论点中，保罗设定自己的福音记载于圣经，并且他只是提醒会众想起他们已经知道的——或者说，应该知道的。

在福音被传讲的地方，听众会以受洗为回应。罗马的群体早已听过了福音，并且已全部受洗。在《罗马书》六至八章，保罗的信息着重于神之义对那些活在神之义启示中，和最终称义之间的信徒的生命影响。那些已经受洗归入基督的人，借着克服那些激起神忿怒的不顺服，展示了福音在他们生命中的力量（见罗一18-32）。诚然，基督徒立于现世之中，开启了"新生"的契机，让那些已经受洗的基督徒可以战胜肉体情欲（参一24及下文）；这样的肉体情欲是未被救赎的人性。因为圣灵加基督徒能力（罗八 1-11），使他们自由地服在公义的大能之下（罗六 18），并持守律法的公义要求（罗八4）。

在他对福音信息的阐述中，保罗诉诸群体对洗礼的记忆："岂不知我们这受洗归入基督耶稣的人，是受洗归入他的死吗？"（罗六3）在唤起会众对洗礼的记忆的同时，保罗也诉诸教会对基督受死、埋葬以及复活的信仰宣告。那些已经受洗的人与复活的那一位拥有相同的命运。诉诸先前的教导这一方式也零星分布这一模块（罗六 4，9，16）。在这里，保罗也借用了问答式教学的教导。这个教导"不同于宣教性讲道，因为它不是把基督的信息带给那些还没听过的人，而是唤起信徒对他们已经听过的信息的记忆"。[25] 传教士以呼召洗礼将宣教性讲道推向高潮；相反，在对群体的讲道中，保罗呼召大家回忆已发生的洗礼。

保罗提醒读者记起他们自己的经历。他说："（你们）从心里顺服了所传给你们道理的模范。"（罗六 17）这种"教学法"（τύπος διδαχῆς）可能是会众先前接受的问答式教导。这种教导包含了特定的、将基督徒生活和《罗马书》一章所描述的行为彼此区分的伦理教导。

---

[25] Dahl, "Form-Critical Observations on Early Christian Preaching," 31.

保罗传扬神之义福音的逻辑，促使他提出："神（若）帮助我们，谁能敌挡我们呢？"（罗八31）因此，《罗马书》的论证朝着神的信实必然带来所有受造之物的复兴这个宣言推进（八18-39）。诚然，神的盟约信实必然拯救犹太人和外邦人（罗九至十一章）。此外，保罗在《罗马书》九至十一章有力的论据，是以经文中神对祂子民的信实为证。如此说来，保罗论证的结论——"以色列全家都要得救"（罗十一26）——是从保罗对会众熟悉的经文的解读中演变而来的。保罗在提醒教会什么是已知道的。

神之公义的教义为基督徒群体营造出一个环境。在其中，保罗驱策他的听众，"不要看自己过于所当看的"（罗十二3），倒要"彼此同心"（罗十二16）。《罗马书》十二至十五章的伦理诉求并不是新的教导，而是重申那些在基督徒群体中广为人知的劝勉。

《罗马书》并它宏大的神学视野最终会带来一个愿景，即群体会想起神之义的福音。得闻神之义全部意义的群体也能和睦相处，并且"一口荣耀神"（罗十五6）。在《罗马书》中，如同在他所有的书信中，保罗提醒会众要回想福音，带领会众领会福音故事的全部意义。保罗不断地传讲福音，并让福音再次融入生活的具体领域。

在后基督教社会中的回忆

当费雷德·克拉多克（Fred Craddock）在《巧遇福音》一书中附和克尔凯郭尔的观点——"在基督教的土地上从未

缺乏信息"——时,他要解决向那些已经听过福音之人讲道的问题。克拉多克在 1978 年时的忧虑是向那些已经听过福音的人宣讲福音。对于我们如今面临在基督教土地上讲道这个问题,我持保留态度。我们并不是面对被基督教信息的记忆所塑造的会众。我们的群体,如同保罗的会众们,生活在一个非基督教文化中。那些听过基督教信息的人,同样听见我们文化中许多其他声音,徒留自己置身于基督教、流行心理学以及我们自身文化陈腔滥调的鱼龙混杂之中。在这种文化风气下我们可以假定,在一个已非基督教的土地上一定是缺乏信息的。当保罗在塑造他听众的记忆时,也提供了一个在非基督教土地上讲道的典范。

在描述自己的讲道为"提醒"时,保罗不仅建立了他与以色列人在聚焦记忆传统的连续性,也树立了一个对当代传道人至关重要的模范。保罗的讲道提醒我们,我们并没有被强制要求每周都讲新的信息。在对一班会众讲道时,我们面对的是形形色色的听众。有些人,特别是在一个后基督教社会中,并没有听过基督教信息;其他人即使听过,也没有听进去。对于这些听过的人,如果他们的记忆没有更新,就会忘记这些信息。诉诸回忆的方式会将会众与他们的生平故事连接,重申会众们回应神时的礼拜仪式的表达,并让会众们回想起道德规范。因此,保罗的讲道表明,传道人不应该回避先前说过的内容。[26]

---

[26] 见 Fred Craddock, "Preaching to Corinthians," *Interpretation* 44 (1990): 163:"使用相似之物会引发认同的能力。这种能力不仅吸引正在认识的听众和有见识的参与者,也让他们对自己的思想和决定

如果保罗诉诸回忆的举动是一个讲道的模范，那么回忆会通过多种方式发挥作用。因为群体大多是由一些对教会传统有着不同程度印象的成员们组成，所以对信仰基本原则的重申会产生那些对信仰持续成长不可或缺的回忆。对其他人而言，重申会众的传统是诉诸回忆，亦是诉诸人们早已熟悉的传统。在其他情况下，当传道人谈及传统对会众生活的影响时，诉诸回忆包括了回转到并反思共同的传统。《罗马书》表明了教会的传统如何为将来针对群体内部改变的商议打下基础。对群体传统的反思成了维系新世纪中神百姓的身份及稳定性千古不变的锚。在这新世纪中，我们要持守我们的身份，不是借着原创性，而是铭记过往。

负责。新的素材属于讲员，可能之后才被听众获取。但是熟悉的素材属于全体会众。在缺乏起初的点头认同下，不可能有令人震惊的认同。"

结论 保罗与讲道事工之反思

这个计算机通讯、多媒体展示以及远程教育的时代，引出了一些发人深省的问题：讲道是否能够在新的通讯市场存留。正如布里利奥特（Y. Brilioth）所指出[1]，如果犹太教和基督教的显著区别在于口头演讲，我们必须要问，讲道在这变迁的思潮中是否仍有前景。即便讲道确有前景，我们也必须要问，它会以何种方式呈现。如果圣经的信仰是关于听见而非看见，那么在这个新时代，讲道的场所仍是悬而未决的问题。

抛开讲道的前景问题，我深信"神乐意用人所当作愚拙的道理，拯救那些信的人"（林前一 21），并且讲道是基督徒见证的核心。讲道曾面临重大挑战。在专业雄辩领域，保罗是个顽抗的竞争者。他与他的批评者都认为他只是个平凡无奇的演讲者。然而，他的讲道终归是大有能力的，因此才能在地中海各个地区建立了信仰群体。我认为对讲道人而言，保罗的讲道事工仍旧是一个被忽略的典范。在本书，我评述了保罗式讲道的各个方面，这些都能让传道人对讲道的任务有更深的洞见。尽管保罗明白他的呼召是特殊的职业，可他

---

[1] Y. Brilioth, *A Brief History of Preaching* (Philadelphia: Fortress, 1965), 2.

也明白自己在传讲基督时并非孤身一人。正如保罗与西拉共同分担传讲福音的任务（林后一 19），多年来他也与别人共同分担传道工作。因此，当代传道人也要共同分担讲道的任务。

一个与众不同的基督教演讲。我们注意到，尽管保罗的讲道与当时的修辞学有关，它仍独树一帜。在《哥林多后书》五 11 至六 2，保罗讲道的独特性在他对自己事工的解释中愈加明朗。保罗的讲道之所以与众不同，其一，正如托马斯·奥尔布里希特（Thomas Olbricht）所评述[2]，因为它是"教会修辞"（church rhetoric）。保罗既非对司法集会、也非对自由公民说话，而是对基督徒群体说话。其二，因为它所依赖的不单是理性说服的模式，而是神的权柄。保罗作为一位"使者"代表神说话（林后五 20）。其三，保罗的讲道与众不同是因为他的讲道始终以劝勉的形式出现（林后六 1-2），劝勉会众有行为上的改变。

保罗式典范说明传道人不会与他们自身时代的修辞完全隔绝。传道人不可避免会受到当代说话方式的影响，但是他们需要意识到基督徒话语的独特性。传道人总是神的使者，他们的话语要诉诸神的权柄。保罗式典范是一种提醒，让讲道能呼吁与福音相称的信心和行为上的回应（腓一 27）。

---

[2] Thomas Olbricht, "An Aristotelian Rhetorical Analysis of 1 Thessalonians," in *Greeks, Romans, and Christians*, Fs. Abraham Malherbe, ed., David L. Balch, Everett Ferguson, and Wayne A. Meeks (Philadelphia: Fortress, 1990), 225.

被神的话语所俘。对保罗而言,被神的话语所俘激励了讲道事工。正如在他之前的耶利米一样,保罗是神的话语的俘虏,"不得不"去传道(林前九16)。在传道人的角色里,他作为俘虏在一场胜利的游行里前进(林后二14)。他将自己的讲道描述为"神的话语"(腓一14;帖前二13)。这样的描述显得格外惊人。用旧约的话说,神的话语"永远立定"(赛四十8),并且"决不徒然返回"(赛五十五11)。保罗(及另外的新约作者们)用术语λόγος描述旧约的文字的道(罗九6,9;十三9;林前十五54;加五14)。[3] 因此在将自己的讲道描述为"神的话语"时,保罗认为自己的讲道与神自己的话语一致。因此,他借着神的权柄说话。如同一个应征为神的道服役的人,保罗并不会"兜售"或"篡改"神的道。

保罗自己的事工与"散布"神的道之间的对比,就好像柏拉图与那些诡辩家之间的辩论。用苏格拉底的话说,那些诡辩家,就是那些以教导为生并以粉饰不良观点而闻名的人,都只是"兜售者"而已。[4] 如同苏格拉底(和柏拉图),保罗将自己的信息等同于不会被稀释的真理。保罗并非为着他自己的信息而被差遣做传道人;他只是"神奥秘事的管家"(林前四1)。保罗宣讲的真理不亚于在他数世纪之前的先知所宣告的"佳音"(赛五十二7)。

---

[3] K. Runia, "What is Preaching According to the New Testament?" *Tyndale Bulletin* 29 (1978): 23.
[4] *EDNT* 2.249.

耶稣基督里的佳音。尽管保罗使用旧约的措辞,如"神的话语"及"好消息",来描述自己的宣讲,但是他明确视神的话语与耶稣基督的受死、埋葬以及复活相一致。《使徒行传》和保罗书信一致认为保罗的福音性讲道聚焦于拿撒勒人耶稣的受死与复活。然而,这样的宣讲并非只限于这些福音听众。保罗不断地提醒他的会众,回想他最初所传讲的基督的受死、埋葬及复活(林前十五 3-5;林后五 14;八 9;帖前四 14;五 10)。这些教义公式使人回想共同的立场,成为未来所有讨论的根基。毫无疑问,对教会认信的提醒并非只有一个目的。保罗作为最初传福音之人,详述福音的事实成为必要的提醒手段:提醒大家将各样团体组建为一个群体的确信。对于教外人和初信者而言,详述信经是第一次宣告福音。因为在保罗时代的家庭教会,福音性讲道和教牧性讲道难以泾渭分明,保罗的讲道对他们中一部分人来说是再次确信,对另一部分人来说则是福音性的。传福音包括了向那些聚在一起聆听诵读保罗书信的人传达福音(εὐαγγέλιον)。这种传福音的形式几个世纪以来一直都是基督教宣讲的模式,对当代传道人而言仍旧是一个可行的模式。

传道人传的福音与他的品格。不同于"散布者"将自己的教导作为产品出售,保罗深知自己被福音俘虏就决定了他的身份,并塑造了他的品格。与同时代的雄辩家一样,保罗时常将自己的行为作为自己为之奋斗的真理的见证。如安德烈·瑞斯内所示,他诉诸的理念是一个"颠倒的理念"。[5] 因

---

[5] André Resner, *Preacher and Cross* (Grand Rapids: Eerdmans, 1999).

为保罗展示了十字架的愚拙在何种程度上决定了他的行为。当他在《哥林多前书》与《哥林多后书》诉诸自己的行为时,他罗列了自己所经历的苦难,而这些苦难正显明了十字架在他生命中的功效。他身上"总是"带着耶稣的死(林后四10)。他频繁提及的苦难列表(林前四 8-12;林后六 3-10;十一 23-29)也说明十字架的信息决定了传道人的品格。作为神之道的俘虏,保罗为福音受苦,在诸多反对中讲道(帖前二 2),并且他推测自己的听众也将因福音受苦(腓一 29;帖前三3)。除了诽谤他的人,保罗对十字架故事的认同——他坚决不因自己的行为冒犯福音(参 林后六 3)——终究是他所传福音的强有力佐证。

保罗的事工提醒人们,讲道的内容与传道人的品格息息相关。当讲道很难在通讯革命的时代立足时,其能脱颖而出的独特性便是传道人的真实性。传道人愿意为自己所传信息的缘故而牺牲,这依然是福音的一个强有力的佐证。

领受神之道。福音的传讲呼召听众在信心和悔改中回应,并融入信仰群体。保罗书信与《使徒行传》都表示,福音见证需要有回应。帖撒罗尼迦人"离弃偶像归向神"(帖前一9)并"领受"神的道(帖前一6)。基督徒的回应并非只发生在归信的一瞬间。传道的任务便是持续鼓励会众"要叫【我们】行事对得起那召【我们】进祂国得祂荣耀的神"(帖前二12),并呼吁基督徒团体"与神和好"(林后五 20)。因此,传道人的持续任务便是宣告神的救赎,呼吁会众用"与福音相称"的方式生活(腓一 27)。

结论｜保罗与讲道事工之反思

"我什么时候软弱，什么时候就刚强了。"当保罗为自己无法有效地与职业的演说家竞争而辩护时，他说自己并不用"智慧的言语，免得基督的十字架落了空"（林前一 17）。他宣称自己去哥林多时"又软弱、又惧怕、又甚战兢"，并且他说话讲道并非"用智慧委婉的言语，乃是用……大能的明证"（林前二 3-4）。作为一个公共传播中的顽抗者，保罗知道他的竞争力并非依赖于自己的能力，而是神的大能（帖前一 5；参 罗一 16）。因为是神的力量贯穿讲道，传道人既不能控制讲道的结果，也不能控制大家的反应。"这个世界的神"（林后四 3-4）可能会弄瞎非信徒的心，或者神让信徒产生并维持对信仰的回应（参 帖前一 5）。神的道不仅在传道的事件中有积极作用，亦在信徒的生活中持续作工（帖前二 13）。借着依靠神在传道事件中的大能，保罗明白自己传道的果效都取决于神。因此，传道人可以确信，神会对传道负最终的责任。传道人的任务并非追求成功，而是在宣讲中忠信。

"直等到基督成形在你们心里。"保罗持续反思他传道的终极目标，这提醒我们，传道人更大的异象是超越会众自我觉察之需要的传道目标。保罗用一系列丰富的比喻说明，他讲道的目的不仅仅是要带来信徒个体的转变，更是信徒群体的更新。在基督再来时，保罗会将这一群体献给基督（腓二 16；帖前二 19）。作为母亲（加四 19）、父亲（帖前二 11-12）、新娘的父亲（林后十一 1-4）、建筑师和工头（林前三 10-17），保罗深知他的教会是未竟之业，他的牧养之责便是把会众献给基督。末世的眼光为整个传道的任务指明了方向，也定义了教会的本质性需求。

　　保罗展示了讲道永远是教会性的。福音性讲道会形成基督徒群体，而教牧性讲道为要更新整个教会。尽管当代教会与地中海世界的教会在时代与文化上是隔断的，但在信徒群体形成上的诸多挑战一般无二。每个时代的传道人都会面临建立群体性记忆，对抗威胁基督徒身份的意识形态以及确立群体性思想特质的任务。如果保罗是一个智慧的建筑师并立好了根基（林前三 10），那么我们众人便是在别人立好的根基上继续建造。保罗为我们提供了模型，以便我们在他事工上继续建造。

参考书目

Achtemeier, Paul. "*Omne verbum sonat*: The New Testament and the Oral Environment of Late Western Antiquity." *JBL*, 109 (1990): 3-27.

Allen, Ronald. "The Relationship between the Pastoral and the Prophetic in Preaching." *Encounter* 49 (1988): 173-189.

Allen, Ronald J., Barbara Shires Blaisdell, and Scott Black Johnston. *Theology for Preaching: Authority, Truth and Knowledge of God in a Postmodern Ethos*. Nashville: Abingdon Press, 1997.

Anderson Jr., R. Dean. *Ancient Rhetorical Theory and Paul*, revised edition. Leuven: Peeters, 1999.

Arzt, Peter. "The 'Epistolary Introductory Thanksgiving' in the Papyri and in Paul." *NovT* 36 (1994): 29-46.

Aune, David E. *The New Testament in Its Literary Environment*. Philadelphia: Westminster, 1987.

Bahr, Gordon J. "Paul and Letter Writing in the First Century." *CBQ* 28 (1966): 465-77.

Bailey, Raymond. *Paul the Preacher*. Nashville: Broadman, 1991.

Balch, David, Everett Ferguson, and Wayne Meeks ed. *Greeks, Romans, and Christians*. Minneapolis: Fortress, 1990.

Barclay, John M. G. "Conflict in Thessalonica." *CBQ* 55 (1993): 512-30.

Barth, Karl. *The Word of God and the Word of Man*. New York: Harper & Row, 1957.

Bassler, J. ed. *Pauline Theology*. Minneapolis: Fortress, 1991.

Beaudean, John. *Paul's Theology of Preaching*, NABPR Dissertation Series 6. Macon, Ga.: Mercer Univ. Press, 1988.

Becker, Jürgen. *Paul: Apostle to the Gentiles*. Louisville, Ky.: Westminster/John Knox, 1993.

Beker, J. Christiaan. *Paul the Apostle: The Triumph of God in life and Thought*. Philadelphia: Fortress, 1980.

Bellah, Robert et al. *Habits of the Heart*. Berkeley: Univ. of California Press, 1985.

Berger, Klaus. "Apostelbrief und apostolische Rede." *ZNW* 65 (1974): 190-231.

Berger, Peter and Thomas Luckmann. *The Social Construction of Reality: A Treatise in the Sociology of Knowledge*. New York: Anchor Books, 1991.

Betz, Hans Dieter. *A Commentary on Paul's Letter to the Churches of Galatia*, Hermeneia. Philadelphia: Fortress, 1979.

Black, C. Clifton. "The Rhetorical Form of the Hellenistic Jewish and Early Christian Sermon: A Response to Lawrence Wills." *HTR* 81 (1988): 1-18.

Bohren, Rudolf. *Predigtlehre*. Munich: Kaiser, 1986.

Bormann, Lukas, Kelly Del Tredici, and Angela Standhartinger ed. *Religious Propaganda and Missionary Competition in the New Testament World*. NovTSup 14. Leiden: E. J. Brill, 1994.

Bornkamm, Günther. *Paul*. New York: Harper & Row, 1969.

Brilioth, Y. *A Brief History of Preaching*. Philadelphia: Fortress, 1965.

Broadus, John. *On the Preparation and Delivery of Sermons*, 4th edition. New York: Harper & Row, 1979.

Browning, Don ed. *Practical Theology*. San Francisco: Harper & Row, 1983.

Brueggemann, Walter. *Cadences of Home: Preaching among Exiles*. Louisville, Ky.: Westminster John Knox, 1997.

———. "Preaching as Reimagination," *Theology Today* 52 (1995): 313-29.

Bultmann, R. *Der Stil der paulinischen Predigt und die kynisch-stoische Diatribe*, FRLANT 13. Göttingen: Vandenhoeck & Ruprecht, 1910.

Buttrick, David. *A Captive Voice*. Louisville, Ky.: Westminster John Knox, 1994.

———. *Homiletic*. Philadelphia: Fortress, 1987.

Callen, Barry L. ed. *Sharing Heaven's Music: The Heart of Christian Preaching: Essays in Honor of James Earl Massey*. Nashville: Abingdon, 1995.

Cameron, Averil. *Christianity and the Rhetoric of Empire*. Berkeley, Calif.: Univ. of California Press, 1991.

Campbell, Charles L. *Preaching Jesus: New Directions for Homiletics in Hans Frei's Postliberal Theology*. Grand Rapids: Eerdmans, 1997.

Cancik, H. *Untersuchungen zu Senecas Epistulae morales*. Hildesheim: Olms, 1967.

Cobin, Martin "An Oral Interpreter's Index to Quintilian." *Quarterly Journal of Speech* 44 (1958): 61-66.

Collins, Raymond F. "1 Thes and the Liturgy of the Early Church." *BTB* 10 (1979): 54-61.

Cousar, Charles. "Preaching on Paul," *Journal for Preachers* 18 (1995): 9-14.

Craddock, Fred. *As One without Authority*. Nashville: Abingdon, 1971.

———. *Overhearing the Gospel*. Nashville: Abingdon, 1978.

———. *Preaching*. Nashville: Abingdon, 1985.

———. "Preaching to Corinthians." *Interpretation* 44 (1990): 158-68.

Cullmann, Oscar. *The Early Church: Studies in Early Christian History and Theology*. Edited by A. J. B. Higgins. Philadelphia: Westminster, 1956.

Dahl, Nils. *Jesus in the Memory of the Early Church*. Minneapolis: Augsburg, 1976.

Davis, Casey Wayne. *Oral Biblical Criticism: The Influence of the Principles of Orality on the Literary Structure of Paul's Epistle to the Philippians*, JSNTSS 172. Sheffield: JSOT, 1999.

Davis, H. Grady. *Design for Preaching*. Philadelphia: Fortress, 1958.

Dawn, Marva. *Reaching Out without Dumbing Down*. Grand Rapids: Eerdmans, 1995.

Deissmann, Adolf. *Light from the Ancient East*. 1922; reprint, Grand Rapids: Eerdmans, 1965.

Dodd, C. H. *The Apostolic Preaching and Its Developments*. New York: Harper & Row, 1964.

Donfried, K. *The Romans Debate*. Minneapolis: Augsburg, 1991.

Donfried, K. *The Setting of Second Clement in Early Christianity*. Leiden: E. J. Brill, 1974.

Doty, William G. *Letters in Primitive Christianity*. Philadelphia: Fortress, 1973.

Dunn, James. *Romans 9-16*, WBC. Dallas: Word, 1988.

———. *Unity and Diversity in the New Testament*. Philadelphia: Westminster, 1977.

Ellingsen, Mark. *The Integrity of Biblical Narrative*. Minneapolis: Fortress, 1990.

Elliott, Neil. *The Rhetoric of Romans*. Sheffield: JSOT, 1990.

Eltester, W. and F. H. Kettler ed. *Apophoreta*. Berlin: Töpelmann, 1964.

Eriksson, Anders. *Traditions as Rhetorical Proof: Pauline Argumentation in 1Corinthians*, CB 29. Stockholm: Almqvist & Wiksell, 1998.

Eslinger, Richard ed. *Intersections: Post-Critical Studies in Preaching*. Grand Rapids: Eerdmans, 1994.

———. *Narrative and Imagination*. Minneapolis: Fortress, 1995.

Fant, Clyde. *Preaching for Today,* revised edition. San Francisco: Harper & Row, 1987.

Farley, Edward. "Preaching the Bible and Preaching the Gospel." *Theology Today* 51 (1994): 90-103.

Farmer, W. R., C. F. D. Moule, and R. R. Niebuhr ed. *Christian History and Interpretation*. Cambridge: Cambridge Univ. Press, 1967.

Farris, Stephen. "Limping Away with a Blessing: Biblical Studies and Preaching at the End of the Second Millennium," *Interpretation* 51 (1997): 358-70.

Fiore, B. *The Function of Personal Example in the Socratic and Pastoral Epistles*, AnBib 105. Rome: Biblical Institute, 1986.

Fosdick, Harry Emerson. "What Is the Matter with Preaching?" *Harper's* 107 (July 1928).

Fridrichsen, A. ed. *The Root of the Vine*. Westminster: Dacre Press, 1953.

Frye, Northrop. *Fables of Identity: Students in Poetic Mythology*. New York: Harcourt, Brace & World, 1963.

Gasque, W. Ward and R. P. Martin ed. *Apostolic History and the Gospel*. Exeter: Paternoster, 1970.

Grabner-Haider, Anton. *Paraklese und Eschatologie bei Paulus*. Münster: Aschendorff, 1985.

Hafemann, Scott. *Suffering and Ministry in the Spirit, an Exegetical Study of II Cor. 2:14-3:3 within the Context of the Corinthian Correspondence*, WUNT 2.19. Tübingen: J. C. B. Mohr, 1986.

Harvey, John D. *Listening to the Text: Oral Patterning in Paul's Letters*, ETG Studies. Grand Rapids: Baker, 1998.

Hauerwas, Stanley and L. Gregory Jones. *Why Narrative?* Grand Rapids: Eerdmans, 1989.

Hawthorne, Gerald R. P. Martin, and Daniel Reid ed. *A Dictionary of Paul and His Letters*. Downers Grove: InterVarsity, 1993.

Hay, David M. *Pauline Theology*. Minneapolis: Fortress, 1993.

Hays, Richard B. *The Faith of Jesus Christ*, SBLDS 56. Chico, Calif.: Scholars Press, 1983.

———. *The Moral Vision of the New Testament*. San Francisco: HarperSan Francisco, 1996.

Hendricks, William. *Exit Interviews: Revealing Stories of Why People Are Leaving the Church*. Chicago: Moody, 1993.

Holtz, Traugott. *Der erste Brief an die Thessalonicher*, EKK. Neukirchen: Benziger, 1998.

Hübner, Hans. "Der Galaterbrief und das Verhältnis von antiker Rhetorik und Epistolographie." *TLZ* 109 (1984): 241-250.

Hughes, Frank W. *Early Christian Rhetoric and 2 Thessalonians*, JSOTSup 30. Sheffield: JSOT, 1989.

Hughes, Robert G. and Robert Kysar. *Preaching Doctrine in the Twentieth-first Century*. Minneapolis: Fortress, 1907.

Hunter, James Davison. *Culture Wars: The Struggle to Define America*. New York: Basic Books, 1991.

Jacobsen, David Schnasa. *Preaching in the New Creation: The Promise of New Testament Apocalyptic Texts*. Louisville, Ky.: Westminster John Knox, 1999.

Jensen, Richard. *Telling the Story*. Minneapolis: Augsburg, 1980.

———. *Thinking in Story: Preaching in a Post-literate Age*. Lima, Ohio: CSS, 1993.

Jewett, R. "Form and Function of the Homiletic Benediction." *ATR* 51 (1969): 18-34.

———. *Paul: The Apostle to America*. Louisville, Ky.: Westminster John Knox, 1994.

Johnson, E. Elizabeth and David M. Hay, ed. *Pauline Theology*. Atlanta: Scholars Press, 1997.

Jones, Ilion T. *Principles and Practice of Preaching*. New York: Abingdon, 1956.

Käsemann, Ernst. *Commentary on Romans*. Grand Rapids: Eerdmans, 1980.

Keck, Leander. *The Bible in the Pulpit*. Nashville: Abingdon, 1978.

Kelber, Werner. *The Oral and Written Gospel: The Hermeneutics of Speaking and Writing in the Synoptic Tradition*, Mark, Paul, and Q. Philadelphia: Fortress, 1983.

Kennedy, George. *New Testament Interpretation through Rhetorical Criticism*. Chapel Hill: Univ. of North Carolina Press, 1984.

Kim, Seyon. *The Origin of Paul's Gospel*. Grand Rapids: Eerdmans, 1981.

Koskenniemi, Heikki. *Studien zur Idee und Phraseologie des griehischen Briefes bis 400 n. Chr.* Helsinki: Akateeminen Kirjakaupa, 1956.

Lasch, Christopher. *The Culture of Narcissism*. New York: W. W. Norton & Co., 1979.

Lausberg, Heinrich. *Handbook of Literary Rhetoric*. Translated and edited by David E. Orton and R. Dean Anderson. Leiden: E. J. Brill, 1998.

Lentz, Tony. *Orality and Literacy in Hellenic Greece*. Carbondale, Ill.: Southern Illinois Univ. Press, 1989.

Lindbeck, George. *The Nature of Doctrine*. Philadelphia: Westminster, 1984.

Lischer, Richard. *A Theology of Preaching*. Nashville: Abingdon, 1981.

———. "The Interrupted Sermon." *Interpretation* 50 (1996): 169-81.

Litfin, Duane. *St. Paul's Theology of Proclamation*, SNTSMS 70. Cambridge: Cambridge Univ. Press, 1994.

Long, Thomas. *The Witness of Preaching*. Louisville: Westminster/John Knox, 1989.

Long, Thomas. "When the Preacher Is a Teacher." *Journal for Preachers* 16 (1992): 21-27.

Longenecker, Richard. *Galatians*, WBC. Dallas: Word, 1990.

Lowry, Eugene ed. *How to Preach a Parable*. Nashville: Abingdon, 1989.

———. *The Homiletical Plot*. Atlanta: John Knox, 1980.

———. *The Sermon: Dancing the Edge of Mystery*. Nashville: Abingdon, 1997.

Lührmann, D. and G. Strecker ed. *Kirche*. Tübingen: J. C. B. Mohr, 1980.

Lyons, George. *Pauline Autobiography: Toward a New Understanding*, SBLDS 73. Atlanta: Scholars, 1985.

Malherbe, Abraham J. "Antisthenes and Odysseus, and Paul at War." *HTR* 76 (1983): 143-73.

———. *Moral Exhortation*, LEC. Philadelphia: Westminster, 1989.

———. "'Pastoral Care' in the Thessalonian Church." *NTS* 36 (1990): 375-91.

———. *Paul and the Thessalonians*. Philadelphia: Fortress, 1987.

Malherbe, Abraham J. Frederick W. Norris, and James W. Thompson ed. *The Early Church in Its Context: Essays in Honor of Everett Ferguson*, NovTSup 90. Leiden: E. J. Brill, 1998.

Marrow, Stanley. *Speaking the Word Fearlessly: Boldness in the New Testament*. New York: Paulist, 1982.

Marshall, Peter. *Enmity in Corinth: Social Conventions in Paul's Relations with the Corinthians*, WUNT 2.23. Tübingen: J. C. B. Mohr, 1987.

McDonald, James I. H. *Kerygma and Didache: The Articulation and Structure of the Earliest Christian Message*, SNTSMS 37. Cambridge: Cambridge Univ. Press, 1980.

McGrath, Alister E. *The Genesis of Doctrine: A Study of Doctrinal Criticism*. Oxford: Blackwell, 1990.

McGuire, Martin "Letters and Letter Carriers in Ancient Antiquity." *Classical World* 53 (1960): 148, 150-153.

Michel, Otto. *Der Brief an die Römer*, KEKNT. Göttingen: Vandenhoeck & Reprecht, 1966.

Middleton, J. Richard and Brian J. Walsh. *Truth Is Stranger Than It Used to Be*. Downers Grove, Ill.: InterVarsity, 1995.

Mitchell, Margaret. *Paul and the Rhetoric of Reconciliation*. Louisville: Westminster/John Knox, 1992.

Möller, Christian. *Seelsorglich Predigen*, 2d ed. Göttingen: Vandenhoeck & Ruprecht, 1990.

Mudge, Lewis S. ed. *Essays on Biblical Interpretation*. Philadelphia: Fortress, 1980.

Mullins, Terence Y. "Benediction as a NT Form." *AUSS* (1977): 59-64.

Munck, J. "1 Thess. 1.9-10 and the Missionary Preaching of Paul." *NTS* 9 (1963): 95-110.

Murphy-O'Connor, Jerome. *Paul on Preaching*. New York: Sheed & Ward, 1963.

Myers, J. M. O. Reimherr, and H. N. Bream ed. *Search the Scriptures*. Leiden: E. J. Brill, 1969.

Neufeld, Vernon H. *The Earliest Christian Confessions*. Grand Rapids: Eerdmans, 1963.

Newbigin, Lesslie. *Foolishness to the Greeks: The Gospel and Western Culture*. Grand Rapids: Eerdmans, 1986.

Newman, Carey C. *Paul's Glory Christology: Tradition and Rhetoric*, SNTSMS 69. Leiden: E. J. Brill, 1992.

Nichols, J. Randall. *The Restoring Word: Preaching as Pastoral Communication*. San Francisco: Harper & Row, 1987.

Niebuhr, Reinhold. *Leaves from the Notebook of a Tamed Cynic*. reprint, Hamden, Conn.: Shoe String Press, 1956.

Norden, Eduard. *Die antike Kunstprosa*. Reprint, Darmstadt: Wissenschaftliche Buchgesellschaft, 1958.

O'Day, Gail R. and Thomas G. Long ed. *Listening to the Word*. Nashville: Abingdon, 1993.

Olbricht, Thomas H. and Stanley Porter. *Rhetoric and the New Testament*, JSNTSS 90. Sheffield: JSOT, 1992.

Old, Hughes Oliphant. *The Reading and Preaching of the Scriptures in the Worship of the Christian Church*. Grand Rapids: Eerdmans, 1998.

Ong, Walter. "*Maranatha*: Death and Life in the Text of the Book." *JAAR* 45 (1977): 419-449.

———. *Orality and Literacy: The Technologizing of the Word*. New York and London: Routledge, 1982.

Ong, Walter. *The Presence of the Word*. New Haven: Yale Univ. Press, 1967.

Osmer, Richard. *A Teachable Spirit*. Louisville, Ky.: Westminster/John Knox, 1990.

Patte, Daniel. *Preaching Paul*. Philadelphia: Fortress, 1984.

Perelman, C. and L. Olbrechts-Tyteca. *The New Rhetoric: A Treatise on Argumentation*. Nortre Dame: Univ. of Notre Dame Press, 1969.

Petersen, Norman. *Rediscovering Paul: Philemon and the Sociology of Paul's Narrative World*. Philadelphia: Fortress, 1985.

Pogoloff, Stephen M. *Logos and Sophia: The Rhetorical Situation of 1 Corinthians*, SBLDS 134. Atlanta: Scholar Press, 1992.

Porter, Stanley ed. *Handbook of Classical Rhetoric in the Hellenistic Period*. Leiden: E. J. Brill, 1997.

Porter, Stanley E. and Thomas H. Olbricht ed. *Rhetoric and the New Testament*, JSNTSS 90. Sheffield: JSOT Press, 1993.

Postman, Neil. *Amusing Ourselves to Death*. New York: Penguin Books, 1986.

Ramsey, Ian. *Models for Divine Activity*. London: SCM, 1973.

Reck, Reinhold. *Kommunikation und Gemeindeaufbau*, SbB. Stuttgart: Katholisches Bibelwerk, 1991.

Resner, André. *Preacher and Cross*. Grand Rapids: Eerdmans, 1999.

Richards, E. Randolph. *The Secretary in the Letters of Paul*, WUNT 42. Tübingen: J. C. B. Mohr, 1991.

Ricoeur, Paul. *The Symbolism of Evil*. Boston: Beacon Press, 1967.

Runia, K. "What Is Preaching According to the New Testament?" *Tyndale Bulletin* 29 (1978): 3-48.

Sanders, E. P. *Paul*. Oxford: Oxford Univ. Press, 1991.

Sandnes, K. O. *Paul–One of the Prophets? A Contribution to the Apostle's Self-Understanding*, WUNT 2/43. Tübingen: J. C. B. Mohr, 1991.

Schoedel, W. R. and R. L. Wilken ed. *Early Christian Literature and the Classical Intellectual Tradition*, TH 54. Paris: Beauchesne, 1979.

Schrage, W. *Der erste Brief an die Korinther*, EKK. Neukirchen: Benziger, 1995.

Sellin, Gerhard and François Vouga, ed. *Logos und Buchstabe: Mündlichkeit und Schriftlichkeit im Judentum und Christentum der Antike*. Tübingen: Francke, 1997.

Siegert, F. *Drei hellenistisch-jüdische Predigten*. Tübingen: J. C. B. Mohr, 1992.

Siegfried, Regina and Edward Ruane ed. *In the Company of Preachers*. Collegeville, Minn.: Liturgical Press, 1993.

Smit, J. "The Letter of Paul to the Galatians: A Deliberative Speech." *NTS* 35 (1989): 1-26.

Stowers, Stanley. *Letter Writing in Greco-Roman Antiquity*, LEC. Philadelphia: Westminster, 1986.

———. *The Diatribe and Paul's Letter to the Romans*, SBLDS 57. Chico, Calif.: Scholars Press 1981.

Stratman, Garry D. *Pastoral Preaching*. Nashville: Abingdon, 1983.

Thompson, James. *The Church in Exile*. Abilene, Tex.: Abilene Christian Univ. Press, 1990.

Troeger, Thomas. *Imaging a Sermon*. Nashville: Abingdon, 1990.

Van Seters, Arthur. "Dilemmas in Preaching Doctrine: Theology's Public Voice." *Journal for Preachers* 20 (1997): 23-29.

——— ed. *Preaching as a Social Act*. Nashville: Abingdon, 1988.

———. "The Problematic of Preaching in the Third Millennium." *Interpretation* 45 (1991): 267-280.

Wallace, Mark I. *The Second Naiveté*. Studies in American Biblical Hermeneutics 6. Macon, Ga.: Mercer Univ. Press, 1990.

Ward, Richard "Pauline Voice and Presence as Strategic Communication," *Semeia* 65 (1995): 95-107.

Wardlaw, Don M. ed. *Preaching Biblically*. Philadelphia: Westminster, 1983.

Watson, Duane. "A Rhetorical Analysis of Philippians and Its Implications for the Unity of Question." *NovT* 30 (1988): 57-88.

Wells, David. *No Place for Truth*. Grand Rapids: Eerdmans, 1993.

White, John. *Light from Ancient Letters*. Philadelphia: Fortress, 1986.

———. *The Body of the Greek Letter*, SBLDS 2. Missoula, Mont.: Scholars, 1972.

Wilckens, Ulrich. *Der Brief an die Römer*, EKK VI/3. Neukirchen: Neukirchener Verlag, 1982.

Wilder, Amos. *The Language of the Gospel: Early Christian Rhetoric*. New York: Harper & Row, 1964.

Wiles, G. *Paul's Intercessory Prayers*, SNTSMS 24. Cambridge: Cambridge Univ. Press, 1974.

Willimon, William. *Peculiar Speech*. Grand Rapids: Eerdmans, 1992.

———. "Turning an Audience into a Church." *Leadership* 15 (1994).

Wills, Lawrence. "The Form of the Sermon in Hellenistic Judaism and Early Christianity." *HTR* 77 (1984): 277-299.

Wilson, Paul Scott. *The Practice of Preaching*. Nashville: Abingdon, 1995.

Witherington, Ben. *Conflict and Community in Corinth*. Grand Rapids: Eerdmans, 1995.

———. *Paul's Narrative Thought World: The Tapestry of Tragedy and Triumph*. Louisville, Ky.: Westminster John Knox, 1994.

Wolter, Michael. "Ethos und Identität in paulinischen Gemeinden." *NTS* 43 (1997): 430-444.

Wright, N. T. *The New Testament and the People of God*. Minneapolis: Fortress, 1992.

———. *What Saint Paul Really Said*. Grand Rapids: Eerdmans, 1997.

Yarbrough, O. Larry. *Not Like the Gentiles: Marriage Rules in the Letters of Paul*, SBLDS 80. Atlanta: Scholars Press, 1985.

Young, Francis and David F. Ford. *Meaning and Truth in 2 Corinthians*. Grand Rapids: Eerdmans, 1987.

Zink-Sawyer, Beverly. "'The Word Purely Preached and Heard': The Listeners and the Homiletic Endeavor," *Interpretation* 51 (1997): 342-57.

索引

奥古斯丁（Augustine），8, 93, 102, 104
保罗·利科（Paul Ricoeur），9, 23, 26
柏拉图, 35, 92, 194
布特曼（Rudolf Bultmann），34, 47, 63
成圣, 111, 114, 125, 135, 137, 139, 143, 149, 167
称义, 64, 150, 185, 186
邓雅各（James Dunn），179
俄利根（Origen），34
费雷德·克拉多克（Fred Craddock），10, 11, 12, 14, 15, 16, 17, 21, 23, 131, 172, 188
福音（εὐαγγέλιον），62, 63, 195
福音宣讲（kerygma），28, 55, 56, 63, 65, 66, 79, 84, 155, 181
归纳式讲道（inductive preaching），12, 14, 17, 23, 103, 115
后基督教, 5, 6, 17, 19, 25, 27, 29, 56, 59, 83, 176, 188, 189
后现代, 14, 15, 25, 29, 126
悔改, 23, 67, 70, 72, 73, 77, 83, 84, 130, 196
教化（οἰκοδομεῖν），126

卡尔·巴特（Karl Barth），13, 26, 39
莱斯利·纽比金（Lesslie Newbigin），83
昆体良（Quintilian），40, 43, 44
理查德·李思克（Richard Lischer），136, 168
雷茵霍尔德·尼布尔（Reinhold Niebuhr），173, 174, 175
前基督教, 19, 25, 29, 59, 83, 176
乔治·林贝克（George Lindbeck），135, 136, 142, 143, 207
劝勉安慰（paraklesis），28, 55, 76, 77, 78, 80, 81, 82, 84, 175
群体身份, 24, 29, 113, 114, 128, 131, 136, 138, 139, 140
群体意识, 131, 132, 133, 134
认信, 103, 129, 147, 181, 195
汤姆·赖特（N. T. Wright），69, 72
陶德（C. H. Dodd），33, 55, 56, 66, 83
桑德斯（E. P. Sanders），41
神之义, 150, 184, 185, 186, 188
索伦·克尔凯郭尔（Søren Kierkegaard），172, 175, 188
瓦尔特·布鲁格曼（Walter Brueggemann），131, 167, 178
威廉·韦利蒙（William Willimon），133, 176
修辞学, 8, 24, 28, 33, 34, 50, 93, 93, 95, 104, 107, 115, 193
叙事, 12, 18, 57, 63, 118, 146, 176
宣教, 33, 52, 54, 56, 70, 71, 75, 78, 82, 172, 180, 187
亚里士多德, 86, 87, 88, 93, 94, 96, 98, 99, 107, 109
伊格那修（Ignatius），50
尤金·洛里（Eugene Lowry），10, 11, 12, 15, 20

www.ingramcontent.com/pod-product-compliance
Lightning Source LLC
Chambersburg PA
CBHW071236080526
44587CB00013BA/1646